T0209248

Psychologie für Studium und Beruf

Diese Buchreihe zu den Grundlagen- und Anwendungsfächern der Psychologie wird herausgegeben in Kooperation zwischen dem Onlinestudium des Fachbereiches Onlineplus an der Hochschule Fresenius und dem Springer-Verlag. Alle Titel dieser Reihe wurden zunächst als Studienbriefe für die Fernlehre konzipiert und dann von den Autorinnen und Autoren für die Veröffentlichung in Buchform umgearbeitet. Dabei wurde die handliche, modulare Einteilung der Themen über die einzelnen Bände beibehalten – Leserinnen und Leser können so ihr Buchregal sehr gezielt um die Themen ergänzen, die sie interessieren. Dabei wurde größter Wert auf die didaktische und inhaltliche Qualität gelegt sowie auf eine äußerst unterhaltsame und alltagsnahe Vermittlung der Inhalte. Die Titel der Reihe richten sich an Studierende, die eine praxisnahe, verständliche Alternative zu den klassischen Lehrbüchern suchen, an Praktikerinnen und Praktiker aller Branchen, die im Arbeitsleben von psychologischem Know-how profitieren möchten, sowie an alle, die sich für die vielfältige Welt der Psychologie interessieren.

Weitere Bände in der Reihe: http://www.springer.com/series/16425

Vjenka Garms-Homolová

# Sozialpsychologie der Informations- verarbeitung über das Selbst und die Mitmenschen

Selbstkonzept, Attributionstheorien, Stereotype & Vorurteile

Springer

Vjenka Garms-Homolová
Berlin, Deutschland

Teile des Werkes sind vorab publiziert worden in: Garms-Homolová, V. (2017): Wer bin
ich, für wen hält man mich und was halte ich von den anderen? Was sind sozialpsychologische Phänomene? Informationsverarbeitung im sozialen Kontext. Studienbrief der
Hochschule Fresenius online plus GmbH. Idstein: Hochschule Fresenius online plus
GmbH. Mit freundlicher Genehmigung von © Hochschule Fresenius online plus GmbH.

ISSN 2662-4826                    ISSN 2662-4834    (electronic)
Psychologie für Studium und Beruf
ISBN 978-3-662-62921-5           ISBN 978-3-662-62922-2    (eBook)
https://doi.org/10.1007/978-3-662-62922-2

Die Deutsche Nationalbibliothek verzeichnet diese Publikation in der Deutschen Nationalbibliografie; detaillierte bibliografische Daten sind im Internet über http://dnb.d-nb.de abrufbar.

Planung/Lektorat: Joachim Coch, Judith Danziger

Springer ist ein Imprint der eingetragenen Gesellschaft Springer-Verlag GmbH, DE und ist ein Teil von
Springer Nature.
Die Anschrift der Gesellschaft ist: Heidelberger Platz 3, 14197 Berlin, Germany

# Ihr Bonus als Käufer dieses Buches

Als Käufer dieses Buches können Sie kostenlos unsere Flashcard-App
„SN Flashcards" mit Fragen zur Wissensüberprüfung und zum Lernen von Buch-
inhalten nutzen. Für die Nutzung folgen Sie bitte den folgenden Anweisungen:

1. Gehen Sie auf **https://flashcards.springernature.com/login**
2. Erstellen Sie ein Benutzerkonto, indem Sie Ihre Mailadresse
   angeben, ein Passwort vergeben und den Coupon-Code
   einfügen.

**Ihr persönlicher „SN Flashcards"-App Code**      FD6BA-88C4B-E53C4-A2C76-62901

Sollte der Code fehlen oder nicht funktionieren, senden Sie uns bitte eine E-Mail
mit dem Betreff **„SN Flashcards"** und dem Buchtitel an **customerservice@
springernature.com.**

# Inhaltsverzeichnis

# Über die Autorin

**Dr. Vjenka Garms-Homolová**
Diplompsychologin, ist emeritierte Professorin für Gesundheitsma-
nagement an der Alice Salomon Hochschule und Honorarprofessorin
für Theorie und Praxis der Versorgungsforschung an der Technischen
Universität Berlin. Sie ist Autorin und Ko-Autorin von gut 280 wis-
senschaftlichen und populären Publikationen. Als interRAI-Fellow
kooperiert sie mit einem weltweiten Netzwerk von Forscherinnen und
Forschern an der Entwicklung und Implementation standardisierter
Assessments für verschiedene Versorgungssettings (interrai.org).

# Selbsterkenntnis im sozialen Kontext

## Inhaltsverzeichnis

Die Ausführungen in diesem Kapitel basieren annähernd auf dem Studienbrief von Garms-Homolová, V. (2017): Wer bin ich, für wen hält man mich und was halte ich von den anderen? Was sind sozialpsychologische Phänomene? Informationsverarbeitung im sozialen Kontext. Studienbrief der Hochschule Fresenius online plus GmbH. Idstein: Hochschule Fresenius online plus GmbH.

© Springer-Verlag GmbH Deutschland, ein Teil von Springer Nature 2021
V. Garms-Homolová, *Sozialpsychologie der Informationsverarbeitung über das Selbst und die Mitmenschen*, Psychologie für Studium und Beruf,
https://doi.org/10.1007/978-3-662-62922-2_1

**1**

In der Sozialpsychologie wird jeder Mensch als ein Teil des sozialen Kontextes betrachtet. Seine Gedanken, seine Gefühle, Wahrnehmungen, Motive und sein Verhalten werden von Interaktionen und Transaktionenmit anderen Menschen und Menschengruppen beeinflusst. Man kann sich unschwer vorstellen, dass das Geflecht von Beziehungen und Einflüssen außerordentlich komplex und kompliziert sein muss. In diesem Lehrbuch werden die Vereinfachungsstrategien untersucht, die Menschen entwickeln, um sich in dieser Komplexität zurechtzufinden. Das gesamte Lehrbuch besteht aus fünf Kapiteln. In diesem, einführenden Kapitel wird zunächst eine kurze Übersicht über alle fünf Teile gegeben. Andererseits ist dieses Kapitels der Wahrnehmung des Selbst und der eigenen Rolle im sozialen Kontext gewidmet. Es wird gezeigt, dass die Ansichten und auch das Wissen über unser Selbst in einem Prozess der sozialen Konstruktion geformt werden. In den nachfolgenden Kapiteln richtet sich die Perspektive auf die Mitmenschen. Gezeigt wird, wie sie von dem Einzelnen gesehen und eingeordnet werden und welche Merkmale ihnen zugeschrieben werden.

---

⊜ **Nach eingehender Lektüre dieses Kapitels können Sie …**
- das ‚Selbst' definieren,
- verschiedene Konzepte des ‚Selbst' unterscheiden,
- die wichtigsten Quellen der Selbsterkenntnis darstellen,
- erklären, wozu die Selbstbewertung dienen kann,
- beschreiben, was Selbstschemata sind und welche Bedeutung sie für die Verhaltenssteuerung haben.

## 1.1  Einführung

Diese Einführung behandelt nicht nur das erste Kapitel, sondern auch weitere Kapitel des Buches.

Sozialpsychologie befasst sich mit dem Denken und Verhalten einzelner Menschen unter dem Einfluss anderer Individuen, Personengruppen und größeren Gemeinschaften. Sie kann erklären und bis zum gewissen Grade auch vorhersagen, wie sich Menschen im direkten, aber auch indirekten und sogar virtuellen Umgang mit ihren Mitmenschen verhalten oder künftig verhalten werden. Gleichzeitig untersucht die Sozialpsychologie, ob und wie ein Mensch seine Mitmenschen beeinflussen kann. Wie wirkt eine individuelle Person auf das Denken und Verhalten anderer Personen oder Gruppen? Beeinflusst sie die existierenden sozialen Beziehungen und Konstellationen? Dieses Geflecht von sozialen Beziehungen und Wechselwirkungen wird in der Sozialpsychologie ‚**sozialer Kontext**' genannt (Zimbardo und Gerrig 1999). Im sozialen Kontext spielen sich individuelle Denkprozesse, das Sammeln und Aufnehmen von Informationen und Erkenntnissen und das Verhalten ab. Kein Mensch lebt in einem sozialen Vakuum. Der soziale Kontext kann jedoch nicht einfach mit der unmittelbaren sozialen Umgebung gleichgesetzt werden kann. Wesentlich sind die Wechselbeziehungen und die gegenseitige (mutuelle) Beeinflussung von Individuen und verschiedenartigen sozialen Gemeinschaften. Jedes Kind, jede erwachsene Person werden permanent von ihrem jeweiligen sozialen Kontext geformt. Aber gleichzeitig formen auch sie aktiv, das heißt mit ihren Ansichten und ihrem Verhalten, ihren individuellen wie auch gesamtgesellschaftlichen sozialen Kontext (Zimbardo und Gerrig 1999, S. 409).

Dieses Geflecht ‚sozialer Kontext‘, in das Menschen eigebetet sind, zeichnet sich durch eine Komplexität aus. Kann sich der Einzelne darin überhaupt auskennen und zurechtfinden? Welche Strategien werden von Menschen genutzt, damit sie Geflecht überschaubarer machen? Um die Suche nach den Antworten auf diese Fragen geht es in diesem Lehrbuch. Dabei wird mit verschiedenen Perspektiven gearbeitet.

Im ersten Kapitel geht es um das ‚**Selbst**‘ und seine Verortung im sozialen Kontext. Eine detaillierte Einführung findet sich im ▸ Abschn. 1.1.

In weiteren Kapiteln verlässt das Buch den *Selbstzentrismus*. Schon im zweiten Buchkapitel wird gezeigt, welche *Strukturen* in sozialen Beziehungen und generell im Zusammenleben vorhanden sind. Sie bieten eine Orientierung und bringen eine gewisse Ordnung in den sozialen Kontext. Erörtert werden die Fragen der sozialen Identität, Zugehörigkeit zu Gruppen, Normen und Regeln sowie die individuellen Reaktionen, etwa in der Form des Konformismus oder des Widerstands.

Das dritte Kapitel befasst sich mit *Attributionstheorien*. Das sind Denkmodelle, die erklären, wie Menschen Ursachen sozialer Ereignisse, des eigenen Verhaltens und des Handelns ihrer Mitmenschen ergründen. Attributionstheorien stammen vom Sozialpsychologen Fritz Heider (1896–1988). Er deckte die allgemeine menschliche Tendenz auf, herauszufinden, warum Menschen ein bestimmtes Verhalten an den Tag legen. Auf dieses ‚warum‘ wollen Menschen unbedingt eine Antwort. Das hilft, Gefühle von Unsicherheit zu überwinden. Insbesondere in Situationen, die unklar und unerwartet sind, bemühen sich Menschen, die Ursachen (Kausalitäten) zu verstehen.

Das vierte Kapitel behandelt *Stereotype und Vorurteile*, also Phänomene, die im Alltagsleben aller Menschen häufig vorkommen. Als Basiskonzept wird die soziale *Kategorisierung* erläutert, der Prozess, im Zuge dessen Menschen nach ihren Eigenschaften und Merkmalen in verschiedene Gruppen (Kategorien) eingeordnet werden. Allerdings sind solche Kategorisierungsmerkmale nicht immer real vorhanden, sondern werden den Gruppenmitgliedern zugeschrieben. Weil eine Person einer bestimmten Gruppe angehört, nimmt man an, dass sie die für die Gruppe typischen Eigenschaften mit anderen Gruppenmitgliedern teilt. Stereotype Erwartungen, die Menschen an ihre Mitmenschen richten, werden meistens automatisch, selten bewusst ausgelöst. Diese Art von Automatismen bei der Informationsverarbeitung im sozialen Raum bewirkt, dass sich Verhalten, das von Stereotypen geleitet wird, nur schwer verändern lässt.

Das letzte Kapitel thematisiert die *Stigmatisierung*, also den Prozess im Verlauf dessen bestimmten Personen oder sozialen Gruppen negative Eigenschaften zugeschrieben, und zwar aufgrund eines Merkmals oder weniger Merkmale. Die Zuschreibung führt zur sozialen Entwertung. Es wird gezeigt, wie Betroffene das soziale Stigma verinnerlichen und wie sie sich gegen eine Stigmatisierung währen können.

**1**

## 1.2  Das Selbst

Beim Studium der Sozialpsychologie beginnt man am besten bei der eigenen Person, dem *„Selbst"*. Das Selbst stellt den Referenzrahmen für das menschliche Denken und Handeln. Das Selbst bildet die Grundlage für den Umgang mit anderen Personen und für sämtliche Aktivitäten in der Gemeinschaft, also im *sozialen Raum*.

Das alles scheint einfach zu sein. Man kann sich sehr leicht vorstellen, dass das Selbst entscheidet, wie ein Mensch seine Umwelt und andere Menschen wahrnimmt und wie er oder sie sich zu dieser Umwelt sowie den Mitmenschen verhält. Aber auch das *Selbst ist ein wichtiges Objekt* individueller Wahrnehmung, Zuneigung oder Ablehnung und des Denkens. Jeder Mensch kann das eigene Selbst aufwerten oder ablehnen: bis hin zur Selbstaggression *(Autoaggression)* und der Zerstörung des eigenen Selbst.

Diese doppelte Funktion des Selbst ist kompliziert. Aber es wird noch vertrackter. Nicht nur die *Selbstwahrnehmung* und *Selbstbeobachtung* sind wichtig. Auch die *Reaktionen der Mitmenschen* auf das Selbst einer bestimmten Person sind entscheidend für die Herausbildung des Selbst. Ein Teil des Selbst und des Ichs stammen nämlich von den *sozialen Beziehungen*, die das Individuum automatisch hat oder aktiv unterhält. Denn das Individuum und somit auch sein Selbst sind nicht von der sozialen Umwelt abgeschottet und je nach dem sozialen Kontext ist das Selbst variabel. In den einzelnen Situationen und Konstellationen *verändert sich das Selbst*.

Das Selbst, das wir erleben, ist variabel und wird vom sozialen Kontext beeinflusst. Das bedeutet, dass ein Individuum durch die Interaktion mit anderen Personen ein Gefühl dafür entwickelt, wer es ist. Das Selbst wird durch einen aktiven sozialen Konstruktionsprozess geformt, es ist *sozial konstruiert*. William James (1842–1910), ein Pionier der Theorie vom *Selbst* (James 1890 in Gilovich et al. 2016, S. 67 ff.), unterschied:

a. *das soziale Selbst:* Wer die Person ist und was sie darstellt, gilt meistens nur für eine Situation und Konstellation des sozialen Kontexts dieser Person. In einer anderen Situation ist diese Person (und ihr Selbst) vielleicht jemand ganz anderes. James war überzeugt, dass jeder Mensch so viele soziale Selbst besitzt, in so vielen Situationen sie/er agiert. In der Interaktion mit anderen Menschen kann sich das individuelle Selbst weiter aufspalten. Offenbar wird es von den Einflüssen der Interaktionspartnerinnen und Interaktionspartner sowie vom sozialen Kontext überlagert.

b. *das materielle Selbst,* das aus allen Objekten (d. h. Sachen aber auch Menschen) besteht, die (zu) der Person gehören, d. h. persönlich sind, z. B. Kleider, Make-up und Familienmitglieder sowie nahe Bezugspersonen. Diese Objekte sind nach Meinung von William James eine Art des *Selbst*-Ausdrucks. Signifikante Verluste (z. B. Tod der Bezugsperson, Verlust des Besitzes) verändern die Person und ihr Selbst.

c. *das spirituelle Selbst*, das beständiger ist als das soziale und materielle Selbst. Zu dem spirituellen Selbst gehören die Persönlichkeit, zentrale Werthaltungen und Moralvorstellungen. Es ändert sich wenig über den Lebensverlauf.

d. *das Ich* (I), eine Verbindung zwischen der individuellen Vergangenheit, Gegenwart und Zukunft.

Das Selbst jeder Person ist einzigartig – trotz der Tatsache, dass es mindestens zum Teil sozial konstruiert ist. Menschen befinden sich permanent in einem Prozess der Introspektion.

» Introspektion ist „der Prozess, durch den man seine eigenen internen (mentalen und emotionalen) Zustände beobachtet, während man sich auf eine bestimmte Weise verhält." (Morf und Koole 2014, S. 145).

Das Selbst entwickelt sich durch diese Introspektion und eine kontinuierliche (innerliche) ,,Erzählung" der eigenen Geschichte: das *Narrated Self* (McAdams 2008), auf Deutsch, das ,erzählte Selbst'. Jede Person konstruiert diese Selbst-Erzählung, um ihre vielfältigen Ziele zu integrieren, zu begreifen, wo und wie diese Ziele im Widerstreit stehen, und um mit der eigenen Veränderung (d. h. der Veränderung des eigenen Selbst) im Zeitverlauf zurechtzukommen (McAdams 2008).

Das Selbst, so wie es von James (1890)konzeptualisiert wurde, bezieht in im Wesentlichen auf die individuelle Gegenwart (James 1890 in Gilovich et al. 2016). Die Ausnahme bildet das Ich. Andere Konzepte sind primär zukunftsorientiert (Markus und Nurius 1986).

**Das erwünschtes Selbst (desired selves)** verbindet die Potenziale des Individuums mit seinen Wünschen, Bestrebungen sowie Verpflichtungen (Morf und Koole 2014). Diese Dimensionen finden in anderen Formen des Selbst ihren Ausdruck (Higgins 1987):

- *Potenzielles Selbst* bezieht sich auf unsere Fähigkeiten, das Erwünschte tatsächlich zu erreichen.

- *Ideales Selbst* – das sind unsere Hoffnungen und Bestrebungen hinsichtlich dessen, was wir gerne erreichen würden. Das ideale Selbst motiviert uns, sich darum zu bemühen. Wenn wir das gesetzte Ziel nicht erreichen, kann es mit einer Enttäuschung, Depression oder Resignation enden.

- *Soll-Selbst* repräsentiert die Übernahme von Verpflichtungen und deren Erfüllung, die von uns unsere Interaktionspartner oder generell unsere Mitmenschen erwarten. Wir werden motiviert, Fehlschläge zu vermeiden. Jedoch ist speziell die Erfüllung motivierend. Mögliche Nichterfüllung verursacht Ängste, Sorgen und eine negative Selbstbewertung.

Aus den bisherigen Ausführungen ergeben sich einige wichtige Charakteristika des Selbst. Das sind in erster Linie *Formbarkeit und Stabilität:* Der soziale Kontext färbt auf die Menschen ab. Die meisten Menschen sind sich dessen bewusst, doch gleichzeitig wissen oder ahnen sie, dass sie einen festen, stabilen Kern besitzen. Der Kern bleibt stabil, egal in welcher Situation sich das Individuum befindet. Auch für den Zeitverlauf gilt diese Stabilität. Eine Person, die spürt, dass sie im Grunde faul ist, würde diese Eigenschaft bei einem Einstellungsinterview zwar nicht angeben oder bejahen. Aber in ihrem Inneren bleibt sie überzeugt, dass sie zur Faulheit neigt und dass es ihre Eigenschaft (trait) ist. Sie ahnt oder weiß, dass das der Kern ihres Selbst ist.

Das Bewusstsein einer Person über ihr Selbst variiert je nach dem sozialen Kontext und vor allem in verschiedenen Interaktionen. Es ist jedoch wahrscheinlich, dass diese Variation festen, stabilen Mustern folgt. Sie lässt sich bis zum gewissen Grad vorhersagen (English und Chen 2007). Ein Mädchen ist selbstsicher im Umgang mit ihren Freundinnen. Aber wenn es mit seiner Mutter interagiert, ist es immer unsicher. Es ist völlig unwahrscheinlich, dass sich die Selbstsicherheit beziehungsweise Selbstunsicherheit eines Tages verlagert. Das Mädchen wird nicht plötzlich selbstunsicher im Umgang mit seinen Freundinnen sein. Es wird nicht selbstsicher mit seiner Mutter. Obwohl das Mädchen und sein Selbst formbar sind (sie passen sich der jeweils unterschiedlichen Interaktion an), reagiert das Mädchen in der Interaktion zu den anderen Mädchen und zu der Mutter jedoch relativ stabil.

Es gibt also tatsächlich zwei Wahrheiten über das Selbst. Auf der einen Seite ist das Selbst flexibel, wenn es zwischen verschiedenen sozialen Kontexten wechselt. Aber gleichzeitig hat das Selbst eine Kernkomponente, die sich nicht verändert, sondern stabil bleibt.

In der Sozialpsychologie gibt es unterschiedliche Darstellungsweisen des Selbst. Neben „Selbst" werden weitere Begriffe verwendet, die sich in vielen Aspekten überschneiden:

a. **Selbstbild:** Es ist die Vorstellung, die sich jemand von sich selbst macht. Diese Vorstellungen sind jedoch ziemlich ungenau. Vor allem sind sie unrealistisch. Sie beziehen sich zum großen Teil auf die Vergangenheit und vergangene Erfahrungen, teilweise auf gegenwärtige Gefühle und Gedanken. Aber viele Menschen zeigen so gut wie keine Selbsteinsicht (Gilovich et al. 2016, S. 67 ff). Sie sind nicht zur eingehenden Introspektion in der Lage. Sie wollen nicht wissen, was hinter ihrem Verhalten steckt. Die gegenwärtige Forschung besagt, dass an der Selbsteinschätzung viele unbewusste Prozesse beteiligt sind (Wilson 2002). Vazire (2010) fand heraus, dass bestimmte Informationen nur der Person, um die es geht, zur Verfügung stehen, weil diese Person den einzigartigen Zugang zum eigenen Innenleben hat. Andererseits werden Informationen über das eigene Selbst von anderen Menschen bezogen, insbesondere Informationen und Urteile über die *externen* Eigenschaften des Selbst (external Traits).

b. **Selbstgefühl/Selbstwertgefühl/Selbstwert** (*self esteem*): Selbstwertgefühl (self-esteem) ist die „Gesamtbewertung, die wir auf einer positiv-negativ-Dimension in Bezug auf unser Selbst vornehmen", S. 157. Der Selbstwert hat zwei Bedeutungen. Er wird einerseits als eine relativ stabile Eigenschaft der Persönlichkeit (Trait) angesehen, andererseits als ein Zustand (State), der je nach kontextualen Faktoren variiert (Gilovich et al. 2016, S. 106). Das Selbstwertgefühl ist eine positive oder negative Gesamtbewertung des eigenen Selbst durch das Individuum. Es wurde festgestellt, dass der Wunsch, einen möglichst hohen, positiven Selbstwert zu haben, zu den Grundbedürfnissen der Menschen gehört.

c. **Selbstkonzept** eines Individuums ist „die Gesamtheit der auf die eigene Person bezogenen, einigermaßen stabilen Kognitionen und Bewertungen" (Mummenday und Grau 2014, S. 29). Es ist eine kognitive Repräsentation des Selbst, welche die eigenen Erfahrungen mit Kohärenz und Sinn erfüllt und die dabei soziale Beziehungen zu anderen Menschen berücksichtigt. Das Selbstkonzept *organisiert frühere Erfahrungen* und trägt dazu bei, relevante Stimuli in der sozialen Umwelt zu erkennen und zu interpretieren. Eine Verwandtschaft mit dem Begriff ‚Selbstschema' (siehe ▶ Abschn. 1.2) ist erkennbar. Die Begriffe *Working Self-Concept* (**Arbeitsselbstkonzept** – siehe ▶ 1.3.5) und *Fähigkeitsselbstkonzept* sind ein Subsets von Selbstkenntnissen, Erlebnissen und Bewertungen, die in einem bestimmten Kontext aktualisiert werden, um das Verhalten und die Informationsverarbeitung zu steuern (Schöne et al. 2003).

## 1.3 Quellen der Selbsterkenntnis

Viele Wege führen zur Selbsterkenntnis. Allerdings sind *die menschliche Selbsterkenntnis* und Selbsterkundung (Introspektion) ungenau und unzuverlässig, dafür jedoch reichhaltig. Ein Grund für die Unzuverlässigkeit ist die Art, wie Menschen die empfangenen Informationen, die sich gleichzeitig (simultan) anbieten, verarbeiten. Nur ein Teil der Informationen, die Menschen zur Selbsterkenntnis benötigen, wird bewusst und gezielt gesucht und verarbeitet. Hierbei handelt es sich um die **explizite Selbsterkenntnis.** Die meisten Informationen werden völlig automatisch ohne vollständige Bewusstheit verarbeitet, so dass sich Menschen nicht den direkten Ursachen ihrer Gedanken oder Verhaltensweisen bewusst sind. Man spricht von der **impliziten Selbsterkenntnis.** Daraus folgt, dass sich Menschen nicht bewusst sind, wie ihre Gedanken sind und wie ihr Denken funktioniert. Aber sie ‚erfinden' unmittelbar Ursachen für ihre Einstellungen und ihr Verhalten. Sie attribuieren, das heißt machen Zuschreibungen, je nach Situation und ihrem eigenen psychischen Zustand. Dieser Prozess wird von Attributionstheorien erklärt werden. In diesem Lehrbuch werden sie im ▶ Kap. 3 behandelt.

## 1.3.1 Introspektion

In manchen Studien zeigte sich, dass die Selbsterkundung (Introspektion) die Selbstkenntnis sogar eingeschränkt hatte. Je mehr Menschen damit befasst sind, zu ergründen, wie sie sich fühlen, desto weniger korrespondieren ihre Einstellungen ihrem Verhalten (Wilson 2002). Bei Kaufentscheidungen erwiesen sich die Menschen zufriedener mit ihrem Kauf, die kauften, ohne groß nachzudenken (Dijksterhuis et al. 2006). Es scheint, dass eine langwierige Entscheidungsplanung die Intuition ‚beschädigen' kann, so dass am Ende etwas herauskommt, was sich der Menschen nicht wirklich wünscht und was ihm nicht glücklich macht. Der Berliner Forscher Gerd Gigerenzer ist überzeugt, dass intuitive Entscheidungen, das heißt *Bauchentscheidungen,* rationalen Entscheidungsprozessen vielfach überlegen sind, vor allem dann, wenn sie von *vorinformierten* Personen getroffen werden (Gigerenzer 2013).

**1**

Ein weiterer Grund dafür, dass Introspektion ihre Begrenzungen hat, besteht darin, dass Menschen häufig motiviert sind, ungewollte Gedanken und Erlebnisse aus dem Bewusstsein zu verdrängen.

## 1.3.2 Selbstwahrnehmung als Quelle der Selbsterkenntnis

Nur selten analysieren Menschen ihre eigenen Gedanken oder Gefühle, um herauszufinden, wie sie wirklich sind. Sie tun es erst dann, wenn ihnen ihre Einstellungen und Gedanken ambivalent, d. h. widersprüchlich, erscheinen (Bem 1972, S. 2). Zum Beispiel sagt sich Frau X: „Vermutlich bin ich ängstlicher, als ich vorher dachte". Sie rechtfertigt damit ihr Verhalten und ihren Entschluss, einen Aussichtsturm nicht zu besteigen, den sie zusammen mit anderen Touristinnen ursprünglich besichtigen wollte. Daryl Bem erklärte solche Phänomene in seiner *Selbstwahrnehmungstheorie*, die besagt, dass Menschen ihre Einstellungen dadurch erkennen, dass sie ihr Verhalten betrachten (Bem 1972).

Daryl Bem widersprach der Theorie der kognitiven Dissonanz von Leon Festinger (Festinger 2012). Diese Theorie besagt, dass bei Menschen eine unangenehme Spannung auftritt, wenn sich ihre Einstellung in einer dissonanten, inkonsistenten Beziehung zu ihrem Verhalten befindet. Dieser Zustand dauere an, bis sich das Verhalten verändere. Bem war jedoch überzeugt, dass Menschen keine unangenehme Spannung verspüren, wenn ihre Einstellung und ihr Verhalten nicht miteinander korrespondieren. Jedenfalls verändern sie nicht ihr Verhalten. Sie prüfen eher ihre Einstellungen, die möglicherweise zu ihrem Verhalten geführt haben: „Wenn ich diese Option wählte, musste ich sie doch gemocht haben". Oder (wenn die Option nicht so gut war): „Ich habe nun mal diese Option gewählt. Das war es wert". Die Theorie der Selbstwahrnehmung postuliert, dass Menschen vom eigenen Verhalten auf ihre eigene Einstellung schließen und dass sie überwiegend rational urteilen (Bem 1972). Menschen sind auch bereit, ihre Entscheidungen *umzudeuten*. Diese Tendenz zum Umdeuten ist umso stärker, je freier die Wahl ist, die diese Menschen haben. Wenn die Menschen unter Zwang handeln und keine freie Wahl haben, ist die Tendenz zur rationalisierenden Umdeutung reduziert.

Die kognitive Dissonanz und der Prozess der Selbstwahrnehmung schließen einander nicht aus (Gilovich et al. 2016). Vielmehr treten sie zusammen auf. Die kognitive Dissonanz manifestiert sich, wenn ein Verhalten einer Einstellung folgt. Wenn eine Person bestimmte Einstellungen gegenüber einem Objekt (d. h. auch einer Person oder einer Situation) entwickelte (sogenannte Pre-existing Attitude), jedoch ein Verhalten an den Tag legen musste, das dieser *Pre-existing Attitude* widerspricht, entsteht die kognitive Dissonanz. Erst wenn dieser Widerspruch aufgelöst wird, reduziert sich die Dissonanz. Im Gegensatz dazu manifestiert sich der Selbstwahrnehmungsprozess (*Self Perception Process*) in Situationen, in denen der *Widerspruch* zwischen Verhalten und Einstellung *undeutlich* und vage ist (Chaiken und Baldwin 1981). Daryl Bem glaubte ja, dass der Prozess der Selbstwahrnehmung erst dann zustande kommt, wenn die individuellen Einstellungen widersprüchlich, unklar und nicht genau konturiert sind (Bem 1972).

### 1.3.3 Sozialer Vergleich als Quelle der Selbsterkenntnis

Der soziale Vergleich (social comparison) bedeutet, dass man die eigenen Fähigkeiten und Meinungen nur im Vergleich zu anderen einzuschätzen vermag. (Morf und Koole 2014, S. 148).

Die Unsicherheit bezüglich der eigenen Fähigkeiten und Möglichkeiten ist weit verbreitet: „Kann ist es wirklich? Darf ich es mir zutrauen? Schaffe ich es?". Sie kommen besonders dann vor, wenn objektive Kriterien nicht vorhanden sind oder sich nicht einfach anwenden lassen. Eine Freundin berichtet, wie unbefriedigend und entmutigend es für sie war, wenn ihre Eltern ihr Klavierspielen mit dem Spiel eines anderen Mädchens verglichen haben, das bereits eine hervorragende Pianistin war und seit Jahren an Talentwettbewerben teilgenommen hat. Die Eltern meiner Freundin hatten keine Möglichkeit, die Klavierkünste ihrer Tochter mit jemanden zu vergleichen, die/der durchschnittliche Fähigkeiten besaß. Soziale Vergleiche, speziell Selbstvergleiche kommen häufig vor. Sie enthalten jedoch nur *wenige Informationen für das Selbst*, wenn keine objektiven Standards verfügbar sind (Mussweiler et al. 2006). Die Vergleiche, die Menschen anstellen, laufen völlig automatisch ab. Sie spielen sich nicht bewusst ab (Gilbert et al. 1995). Typisch ist aber, dass auch die Wahl der Vergleichspartnerinnen und Vergleichspartner weitgehend irrational ist. Menschen vergleichen sich mit Personen, die entweder besser oder schlechter als sie selbst sind. Fast nie vergleichen sie sich mit Personen, die etwa gleich sind. Vergleiche mit „Besseren" können die *Motivation* steigern, aber auch entmutigen. Ein Abwärtsvergleich, d. h. Abgleich mit den Menschen, denen es nicht so gut geht, kann der *Selbstaufwertung* dienen (Taylor und Lobel 1989).

In einer prospektiven Längsschnittstudie baten Aron et al. (1995) Studierende, fünfmal über einen Zeitraum von zehn Wochen hinweg anzugeben, ob sie sich verliebt hätten, und eine offene Liste mit selbstbeschreibenden Begriffen anzufertigen (z. B. sportlich, kontaktfreudig, fleißig). Studierende, die sich vor kurzem verliebt hatten, wiesen eine größere Vielfalt ihrer Selbstbeschreibungen auf – sie erweiterten buchstäblich das Selbst in der Art und Weise, dass in ihren eigenen Selbstkonzepten die Merkmale ihres neuen Beziehungspartners enthalten waren. Derartige Veränderungen bleiben über die Zeit erhalten, wobei die Menschen immer stärker verwechseln, welche Merkmale zu ihnen gehören und welche zu ihrem Partner (Mashek et al. 2003). Kurz gesagt: Unsere Vergangenheit und unsere neuen Beziehungen mit bedeutsamen Anderen sind zusammengenommen eine wichtige Quelle dafür, wer wir sind.

### 1.3.4 Selbstbewertung als Weg zur Selbsterkenntnis

Der Vergleich mit anderen basiert im Grunde auf der Selbstbewertung. Man möchte eine positive Gesamtbewertung des eigenen Selbst im Vergleich zu anderen erreichen und negative Bewertungen vermeiden oder unterdrücken. Dieses wurde im Zusammenhang mit dem *Selbstwertgefühl* bereits angesprochen

**1**

(vgl. ► Abschn. 1.2). Die Informationen über das eigene Selbst als Resultat der Selbstbewertung hängt davon ab, in welchen Situationen diese Informationen aktiviert werden. Ist diese Situation für das Individuum relevant? Das kann der Fall sein, wenn es sich um eine Interaktion mit für das Individuum besonders wichtigen Personen handelt. Dann fällt die Selbstbewertung völlig anders aus, als wenn es sich um eine Interaktion mit Leuten handelt, von denen das Individuum gar nichts hält. Im ersten Fall – bei der Interaktion mit bedeutsamen Leuten speichert das Individuum das explizit oder implizit erhaltene Feedback als ein mentales Modell im Gedächtnis ab. Das wirkt sich in weiteren Situationen aus, weil ähnliche Situationen im Individuum positive Gefühle und ebenfalls positive Selbstbewertungen auslösen (Andersen und Chen 2002).

Verschiedene Formen der Selbstbewertung dienen den Individuen zur Entwicklung eigener Selbsterkenntnisse. Sie unterscheiden sich nach Motiven:

**Selbsterhöhung – Self-Enhancement:**  Das ist der Ausdruck für das Bedürfnis des Menschen, eine positive Sichtweise der eigenen Person zu erhalten, zu steigern oder zu verteidigen (Leary 2004).

**Selbstversicherung – Self-Affirmation:**  Es handelt sich um eine Strategie, die Menschen entwickeln, um ihre positive Selbsteinschätzung zu verstärken (Steele 1988).

**Selbstbestätigung – Self-Verification:**  Die *Self-Verification-Theory* macht andere Aussagen als die Konzepte Selbstbetätigung und Selbsterhöhung. Sie befasst sich mit der Erklärung des Umstandes, dass sich Menschen nicht nur mit rosaroter Brille betrachten wollen, sondern dass sie sich durchaus Bemühen, realitätsgerechte und exakte Information über das eigene Selbst zu bekommen (Swann 1983). Die Self-Verifikation zeigt, dass Menschen eine kohärente und vertrauenswürdige Selbsteinschätzung erhalten wollen. Das Bestreben nach Kohärenz führt dazu, dass Menschen mit einer negativen Selbsteinschätzung oft dazu tendieren, nach negativen Bewertungen durch andere Menschen zu suchen: „Siehst Du, er sagt auch, dass ich nichts kann!". Das heißt, dass sie sich Interaktionspartnerinnen und Interaktionspartner aussuchen, von denen ein negatives Feedback zu erwarten ist.

Die Selbsteinschätzung und aus ihr resultierendes Selbstwertgefühl wird nicht nur von den äußeren Eigenschaften (z. B. Aussehen, physische Leistungen usw.) konstituiert, sondern determiniert die gesamte Gedanken- und Gefühlswelt des Individuums (Brown et al. 2001). Daher ist es bei einer Person mit einem positiven globalen Selbstwertgefühl wahrscheinlicher, dass sie sich selbst für intelligent, kompetent, liebenswert und gutaussehend hält, als bei jemand mit einem weniger positiven Selbstwertgefühl, selbst wenn die objektiven Belege darauf hinweisen, sich beide Personen kaum unterscheiden. Menschen mit einem positiveren Selbstwertgefühl, die über sich in positiven Begriffen nachdenken, scheinen selbstsicherer zu sein. Sie zeigen Optimismus hinsichtlich möglicher Erfolge. Im Gegensatz dazu scheinen Menschen mit einem negativen Selbstwertgefühl nicht so positiv eingestellt zu sein. Sie zweifeln an ihren Fähigkeiten und Eignungen.

## 1.3.5 Selbstschemata, ihre Bedeutung für das Selbstkonzept und die Verhaltenssteuerung

Selbstschemata (self-schemas) sind mentale Strukturen, die den Menschen dabei helfen, die Verarbeitung selbstbezogener Informationen zu organisieren und anzuleiten (Morf und Koole 2014, S. 153).

Mit anderen Worten: Selbstschemata sind spezifische Überzeugungen, die im Gedächtnis gelagert sind und durch die wir uns selbst definieren. Sie sind für uns wichtig, damit wir in der Lage sind, vergangene Erfahrungen zu organisieren. Die vergangenen Informationen dienen uns nämlich als eine Anleitung zur Verarbeitung neuer, für uns relevanter Informationen verarbeitet.

Menschen erinnern sich an Erlebnisse, Wahrnehmungen und an eigene Erfahrungen. Die daraus geformten **Selbst-Erzählungen** (*narrated self* – vgl. McAdams 2008) werden tagtäglich neu konstruiert und aktualisiert. Sozialpsychologinnen und Sozialpsychologen nehmen an, dass diese Selbsterkenntnisse in den kognitiven Strukturen gelagert sind, die man *Selbstschema* nennt. Die Betonung liegt auf den *Strukturen*. Diese helfen, *in erster Linie* Informationen über das Selbst, *in zweiter Linie* auch andere Informationen zu organisieren, die tagtäglich auf ein Individuum einwirken. Diese Auslegung ähnelt dem ‚*Selbstkonzept*' in der Definition von Mummenday und Grau (2014, S. 29).

Der Begriff Selbstschemata wurde von Hazel R. Markus (1977) geprägt. Sie definierte Selbstschemata folgendermaßen: Selbstschemata sind „kognitive Generalisierungen über das Selbst, die aus vergangenen Erfahrungen abgeleitet sind und die Verarbeitung selbstbezogener Informationen organisieren und lenken" (Markus 1977, S. 64). Die Selbstschemata sind relativ stabil und veränderungsresistent. Ein „Selbstschema ist das, was eine Person über sich selbst im Allgemeinen und auch in besonderen Situationen glaubt und annimmt" (Gilovich et al. 2016, S. 71).

> ▶ **Beispiel Selbstschemata**
>
> Hazel Rose Markus wollte zeigen, dass die höchst individuell spezifischen Selbstschemata, z. B. Extraversion, Unabhängigkeit etc. einen erheblichen Einfluss darauf haben, wie das Individuum mit Informationen umgeht. Sie bat Zielpersonen einer Untersuchung, sich selbst auf einer Skala von Merkmalen einzustufen. Bei diesen Merkmalen handelte es sich um Paare gegensätzlicher Eigenschaften, etwa, z. B. individualistisch-konformistisch, durchsetzungsfähig-unterwürfig usw. Alle standen in Relation zu den Dimensionen ‚*Unabhängigkeit-Abhängigkeit*'. Ferner mussten die Zielpersonen sagen, wie wichtig jeder einzelne Aspekt für ihre Selbstdefinition ist. Zielpersonen, die sich diese Eigenschaften als zutreffend und für sie wichtig für ihr Selbstkonzept einstuften, wurden von der Forscherin als *schematisch* bezeichnet, währen diejenigen, die solche Eigenschaften als nicht zutreffen und für sie unwichtig ansahen, als *a-schematisch* (unschematisch) definiert wurden. Die Versuchsprozedur wurden nach einigen Wochen wiederholt. Dabei stellte sich heraus, dass bei dieser Wiederholung die schematischen Zielpersonen die Merkmale deutlich schneller und mit größerer Sicherheit zum eigenen Selbstbild zuordneten als die a-schematische Zielpersonen. Die Schematischen verhiel-

1

ten sich kongruent zu der ursprünglichen Beurteilung. Sie erinnerten an ihr früheres Verhalten und zogen neue Informationen nicht in Betracht, weil sie meinten, dass diese zu ihrer Person nicht passen. Die Beurteilung von Dritten, die von beiden Gruppen beurteilt wurden, verlief ähnlich. Die schematische Gruppe war auch hier schneller mit der Informationsverarbeitung als die Gruppe mit wenigen Selbstschemata. Wurde das präsentierte Adjektiv von der Versuchsperson als zu ihr passend und sie angemessen beschreibend eingeschätzt, verkürzte sich die Reaktionszeit. ,Passend und adäquat beschreibend' wurde bei Markus (1977) als **schemakongruent** bezeichnet. Vermutlich hängt dieses Phänomen damit zusammen, dass Informationen, die das Selbst betreffen, gründlicher verarbeitet und leichter erinnert werden als verschiedene andere Informationen. ◄

Das Konzept der Selbstschemata zeigt, dass schemakongruente Dimensionen mit der Beschleunigung von Urteilsfindung einhergehen. Sie sind offensichtlich die Grundlage für einen schemakongruenten *Abruf vergangenen Verhaltens* aus dem Gedächtnis und für eine schemakongruente *Vorhersage des eigenen Verhaltens* in der Zukunft. Zusätzlich zeigte sich, dass Selbstschemata den Widerstand gegen schemainkongruente Informationen stärken können. Diese werden weniger akzeptiert und langsamer verarbeitet.

Die Selbstschemata gehen in unser persönliches Selbstkonzept ein, das seinerseits dafür entscheidend ist, wie wir die Informationen verarbeiten, die auf uns einströmen. Für die Selbsterkenntnis ist jedoch immer nur ein Teil der verfügbaren Informationen relevant. Und nur diese Informationen werden *aktiviert,* um unser Verhaltens zu steuern. Markus mit Kollegen nannten das **Arbeitsselbstkonzept** (Markus und Kunda 1986). Morf und Koole (2014) nutzten das Beispiel des Recherchierens im Internet. Sie wiesen darauf hin, dass für die Recherchierenden nur eine Untermenge der verfügbaren Informationen im Zusammenhang mit den eingegebenen Suchbegriff relevant ist. Die übrigen Informationen, die nicht in der gegebenen Situation relevant sind, werden nicht aktiviert und haben auch keinen steuernden Einfluss auf das Verhalten.

Die Erweiterung des oben beschriebenen Experiments zielte darauf, die individuellen Unterschiede zwischen *abhängigen* oder von *unabhängigen Personen* zu erforschen. Diese Untersuchung wurde ebenfalls von Markus und Kolleginnen/Kollegen durchgeführt. Sie verwendeten die Begriffe *Independent Self* und *Dependent Self* beziehungsweise **Interdependent Self** statt des dependent Self (Markus und Kitayama 1991), womit die Rolle der Interaktion und sozialen Beziehungen bei seiner Formung betont wird.

Markus und Kitayama (1991) maßen die Reaktionszeit bei Antworten auf verschiedene Adjektive. Die unabhängigen Personen reagierten schneller auf Begriffe, welche die Unabhängigkeit beschreiben (z. B. individualistisch), während die interdependenten (abhängigen) Personen bei Worten wie ,konform' deutlich kürzere Reaktionszeit erzielten.

Ein weiterer Unterschied bestand darin, wie viele *bewusste Inhalte* die Selbstschemata enthielten. Die Selbstschemata der unabhängigen Personen waren durch eine höhere kognitive Repräsentanz gekennzeichnet: sie schienen mehr bewusste Inhalte zu beinhalten. Markus und Kitayama (1991) vermuten, dass es hauptsächlich in dem westlichen Kulturkreis mit seiner Erziehung zum Individualismus und Autonomie vorkommt Die Selbstschemata der interdependenten Personen wiesen ein geringes Maß bewusster Inhalte aus, was zugleich auf eine *geringere kognitive Repräsentanz* hindeutet.

Ausgehend von diesen Erkenntnissen bezüglich der der kulturellen Abhängigkeit der Konstruktion und Interpretation des Selbst beschäftigten sich neben Hazel Markus auch weitere Forschende mit diesem Thema. Es zeigt sich, dass das unabhängige Selbst (independent Self), dessen Merkmale Autonomie und Individualismus sind, eher in der westlichen Kultur verankert ist, das abhängige Selbst (interdependent Self) ist eher außerhalb Europa und Nordamerika, z. B. in Südost Asien, zu finden. Das interdependent Self kommt somit primär in kollektivistischen Kulturen zum Tragen, wobei die familiäre Einbettung und Gruppenbeziehungen eine bestimmende Rolle spielen. Zugleich erweist sich das interdependente Self hoch konsistent und stabil im Zeitverlauf: auch dann, wenn sich der soziale Kontext des Individuums verändert (English und Chen 2007).

Allerdings sind die Befunde verschiedener Forschender oftmals ein wenig widersprüchlich. Deshalb empfehlen Morf und Koole den Forschenden „ihre kulturelle Brille neu anzupassen", um solche Forschungsergebnisse überhaupt interpretieren zu können (Morf und Koole 2014, S. 164). Gleichzeitig muss unterstrichen werden, dass sich die Welt und somit die sozialen Kontexte rasend ändern. Weil die Menschen zunehmend mobiler und die Gesellschaften diverser werden, werden sich die Unterschiede hinsichtlich des Selbstwertgefühls und der Selbstschemata vermutlich ausgleichen. Aus diesen Entwicklungen ergeben sich wiederum neue Fragen für die Sozialpsychologinnen und Sozialpsychologen, z. B. Wird die individuelle Mobilität der Menschen von der Abhängigkeit/Unabhängigkeit ihrer Selbstschemata determiniert? Werden die interdependenten Menschen eher als die Independenten in der Lage sein, sich in diversen sozialen Kontexten zu platzieren, sprich einzuleben und assimilieren?

**❓ Fragen**
1. Erklären Sie bitte den Begriff „materielles Selbst".
2. Hier sind vier Namen von Sozialpsychologinnen und Sozialpsychologen aufgeführt. Sie sind nummeriert. Darunter werden fünf theoretische Konzepte genannt. Sie sind mit einem großen Buchstaben versehen. Bitte ordnen Sie jedem Namen das theoretische Konzept zu, das von der jeweiligen Wissenschaftlerin/ dem jeweiligen Wissenschaftler formuliert wurde.
   ▬ **Namen:**
      1. Hasel R. Markus
      2. William James
      3. Daryl Bem
      4. Leon Festinger
   ▬ **Theoretische Konzepte:**
      A. Theorie vom Selbst
      B. Kognitive Dissonanz
      C. Selbstschemata
      D. Selbstwahrnehmungstheorie

**1**

3. Versuchen Sie, den Begriff Selbstschemata zu definieren.
4. Wie unterscheidet sich die explizite Selbsterkenntnis und implizite Selbsterkenntnis? Welche von beiden kommt häufiger vor?

✅ **Antworten**

1. Das materielle Selbst besteht aus den Sachen, die zu der fraglichen Person gehören und persönlich sind, z. B. Kleider, Schuhe, Rasierapparat, Make-Up,
   eigenes Fahrzeug usw. Signifikante Verluste etwa durch Diebstahl können einen Menschen und sein Selbst verändern.
2. 1C, 2A, 3D, 4B.
3. Selbstschemata sind mentale Strukturen, die den Menschen dabei helfen, die
   Verarbeitung selbstbezogener Informationen zu organisieren und anzuleiten
   (Morf und Koole 2014, S. 153). Selbstschemata sind spezifische Überzeugungen, die im Gedächtnis gelagert sind und durch die wir uns selbst definieren.
   Selbstschemata sind „kognitive Generalisierungen über das Selbst, die aus vergangenen Erfahrungen abgeleitet sind und die Verarbeitung selbstbezogener
   Informationen organisieren und lenken" (Markus 1977, S. 64).
4. Die explizite Selbsterkenntnis bedeutet, dass die Informationen, die wir für unsere Selbsterkenntnis suchen, bewusst gesucht und bewusst verarbeitet werden.
   Die implizite Selbsterkenntnis bedeutet im Gegenteil, dass die Informationen
   automatisch aufgenommen und verarbeitet werden. Das ist die häufigere Form
   der Selbsterkenntnis.

**Zusammenfassung und Fazit**

Dieses Kapitel thematisiert das soziale Konstrukt Selbst. Verglichen werden verschiedene Konzepte und Begrifflichkeiten und die Wege zur Selbsterkenntnis: Introspektion, Selbstwahrnehmung, sozialer Vergleich, Selbstbewertung und Selbstschemata. Die Frage, wie es den Menschen gelingt, ihr höchst individuelles Selbst in der
komplexen Umwelt zu platzieren, wurde ebenfalls erörtert.

# Literatur

Andersen, S. M., & Chen, S. (2002): The relational self: An interpersonal social-cognitive theory.
Psychological Review, 109, 619–645.

Aron, A., Paris, M., & Aron, E. N. (1995): Falling in love: Prospective studies of self-concept change.
Journal of Personality and Social Psychology, 69, 1102–1112.

Bem, D.J. (1972): Self-Perception: An alternative interpretation of cognitive dissonance phenomena.
Psychological Review, 74, 183–200.

Brown, J. D., Dutton, K. A., & Cook, K. E. (2001): From the top down: Selfesteem and self-
evaluation. Cognition and Emotion, 15, 615–631.

Chaiken, S. & Baldwin, M.W. (1981): Affective-cognitive consistency and the effect of salient behavioral information on the self-perception of attitudes. Journal of Personality and Social Psychology, 41, 1–12.

Dijksterhuis, A., Bos, M. W., Nordgren, L. F., & van Baaren, R. B. (2006): On making the right
choice: The deliberation-without-attention effect. Science, 311, 1005–1007.

English, T. & Chen, S. (2007): Culture and self-concept stability: Consistency across and within contexts among Asian- and European-Americans. Journal of Personality and Social Psychology, 93,
478–490

Festinger, L. (2012): *Theorie der kognitiven Dissonanz* (2. Auflage). Bern: Verlag Hans Huber.

Gigerenzer, G. (2013): *Risiko. Wie man die richtigen Entscheidungen trifft.* München: C. Bertelsmann Verlag.

Gilbert, P., Price, J., & Allan, S. (1995): Social comparison, social attractiveness and evolution: How might they be related? New Ideas in Psychology, 13, 149–165.

Gilovich, T.; Keltner, D.; Chen, S. & Nisbett, R.E. (2016): Social Psychology. New York, London: W. W. Norton & Company, Fourth Edition.

Higgins, E. T. (1987): Self-discrepancy: A theory relating self and affect. Psychological Review, 94, 319–340.

James, W. (1890): *Principles of Psychology.* New York: Holt.

Leary, M. R. (2004): The curse of the self: Self-awareness, egotism, and the quality of human life. New York: Oxford University Press.

Markus, H., & Kunda, Z. (1986): Stability and malleability of the self-concept. Journal of Personality and Social Psychology, 51, 858–866.

Markus, H., & Nurius, P. (1986): Possible selves. American Psychologist, 41, 954–969.

Markus, H.R. & Kitayama, S. (1991): Culture and the self. Implications for cognition, emotion, and motivation. *Psychological Review*, 98, S. 224–253.

Markus, H.R. (1977): Self-schemata and processing information about the self. *Journal of Personality and Social Psychology*, 35, S. 63–78.

Mashek, D. J., Aron, A., & Boncimino, M. (2003): Confusions of self with close others. Personality and Social Psychology Bulletin, 29, 382–392.

McAdams, D.P. (2008): Personal narratives and the life story. In O. John, R. Robins & L. Pervin (eds.): *Handbook of Personality: Theory and Research*, New York: Guilford Press (S. 242–262), 3rd edition

Morf, C.C. & Koole, S.L. (2014): Das Selbst. In: Jonas, K.; Stroebe, W. & Hewstone (Hrsg.): Sozialpsychologie. Heidelberg: Springer, 141–195, 6. Auflage.

Mummendey, H.D. & Grau, I. (2014): *Die Fragebogenmethode.* Göttingen: Hogrefe, 6. Korrigierte Auflage.

Mussweiler, T., Ruter, K., & Epstude, K. (2006): The why, who, and how of social comparison: A social cognition perspective. In S. Guimond (Ed.), Social comparison and social psychology: Understanding cognition, intergroup relations and culture (pp. 33–54). New York: Cambridge University Press

Schöne, C., Dickhäuser, O., Spinath, B. & Stiensmeier-Pelster, J. (2003): Das Fähigkeitskonzept und seine Erfassung. In J. Stiensmeier-Pelster & F. Rheinberg (Hrsg.): *Diagnostik von Motivation und Selbstkonzept* (S. 3–14). Tests und Trends, Band 2

Steele, C.M. (1988): The psychology of self-affirmation. In L- Berkowitz, (ed.): *Advances in experimental and social Psychology (*S. 261 – 302). New York, Academic Press, Vol. 21

Swann, W. B., Jr. (1983): Self-verification: Bringing social reality into harmony with the self. In Suls, J. & Greenwald, A.G. (Eds.), Psychological perspectives on the self , Hillsdale, NJ: Erlbaum, Vol.2, 33–66.

Taylor, S. E., & Lobel, M. (1989): Social comparison activity under threat: Downward evaluation and upward contacts. *Psychological Review, 96*(4), 569–575. https://doi.org/10.1037/0033-295X.96.4.569

Vazire, S. (2010): Who knows what about a person? The Self-Other Knowledge Asymmetry (SOKA) model. *Journal of Personality and Social Psychology*, 98, 281–300.

Wilson, T.D. (2002): Strangers and Ourselves: Discovering the adaptive unconscious. Cambridge: Harvard University Press.

Zimbardo, P.G. & Gerrig, R. J. (1999): *Psychologie* (7., neu übersetzte und bearbeitete Auflage). Berlin, Heidelberg, New York: Springer.

# Personale und soziale Identität und Übernahme sozialer Rollen

## Inhaltsverzeichnis

Die Ausführungen in diesem Kapitel basieren teilweise auf dem Studienbrief von Garms-Homolová, V. (2017): Wer bin ich, für wen hält man mich und was halte ich von den anderen? Was sind sozialpsychologische Phänomene? Informationsverarbeitung im sozialen Kontext. Studienbrief der Hochschule Fresenius online plus GmbH. Idstein: Hochschule Fresenius online plus GmbH.

© Springer-Verlag GmbH Deutschland, ein Teil von Springer Nature 2021
V. Garms-Homolová, *Sozialpsychologie der Informationsverarbeitung über das Selbst und die Mitmenschen*, Psychologie für Studium und Beruf, https://doi.org/10.1007/978-3-662-62922-2_2

**2**

Dieses Kapitel befasst sich mit der Identität von Individuen. Dieser Begriff ähnelt in der Bedeutung den Begriffen Selbstbild oder Selbstkonzept, die bereits im Kapitel eins dieses Lehrbuchs behandelt werden. Zum Identitätserleben gehören das Erleben der Integrität (der Ganzheit) und der Kontinuität (des Fortbestands) der eigenen Person. In diesem Kapitel wird die Herausbildung der Identität im Jugendalter beschrieben. Die Sozialpsychologie setzt sich nicht nur mit der individuellen Identität auseinander, sondern auch mit der sozialen Identität. Diese entwickelt sich im Prozess der Integration eines Individuums in soziale Gruppen. Das *Wir-Gefühl* entspricht diesem Begriff. Die Beziehung des Individuums zur eigenen Gruppe *(Ingroup)* und zur Fremdgruppe *(Outgroup)* sowie die Bedeutung sozialer Regeln und sozialer Normen werden in diesem Kapitel erläutert.

🎓 **Nach eingehender Lektüre dieses Kapitels können Sie ...**

- die Begriffe und Konzepte personale Identität und soziale Identität erläutern und Unterschiede aufzeigen,
- mit dem Begriff „soziale Rolle" umgehen,
- Prozesse der Rollenaneignung und Identitätsfindung nach E.H. Erikson beschreiben,
- darstellen, wie die Übernahme der Rollenverpflichtungen [nach Erikson (2003 und 1973) und James Marcia 1966] zu verstehen ist,
- erläutern, was positive soziale Distinktheit ist und welche Bedeutung sie für die soziale Identität (das Wir) hat
- Unterschiede zwischen sozialen Normen und sozialen Regeln definieren.

## 2.1    Das Selbst oder die personale Identität?

Im ersten Kapitel dieses Lehrbuchs befassten wir uns mit dem Selbst und einer Reihe weiterer Begriffe, die entweder fast die gleiche Bedeutung haben oder mit dem Begriff Selbst eng verwandt sind. Den Begriff Identität haben wir dort jedoch ausgespart. Erst **dieses Kapitel** ist der Identität gewidmet.

Die Unterscheidung von Selbst und Identität ist sehr schwierig und wahrscheinlich auch nicht vollständig möglich. Relativ oberflächlich betrachtet werden beide Begriffe für die Gesamtheit psychologischer Erfahrungen eines Individuums (Gedanken, Gefühle, Motive etc.) verwendet. Die Differenz besteht vor allem in den unterschiedlichen Traditionen innerhalb der Sozialpsychologie.

Entsprechende Denkkonzepte datieren weit in die Vergangenheit. Sie haben ihren Ursprung in der Philosophie, vor allem beim preußischen Aufklärungsphilosophen Immanuel Kant (1724–1804) und seinem Schüler, dem Erkenntnistheoretiker Arthur Schopenhauer (1788–1860). Beide versuchten zu zeigen, dass das Selbst erstens etwas ist, was eine Person mit ihrem Bewusstsein ausmacht und zweites etwas, wie diese Person sich selbst erkennen und erfahren kann (Simon und Tröschel 2007, S. 150). Kant verwendete für das erste die Metapher ‚Selbst als Subjekt' für das zweite die Metapher ‚Selbst als Objekt'. Schopenhauer wiederum unterschied den Erkennenden (könnte dem Subjekt entsprechen) vom Erkannten (entspricht wahrscheinlich dem Objekt). Eine Reihe von Psychologen machten ähnliche Unterscheidungen, bei denen es mehr oder weniger um das bewusste, denkende und aktive Individuum (Selbst) und das Objekt seines Denkens und Selbsterkennen ging (vgl. Allport 1968, James 1950 und andere).

In diesem Zusammenhang ist ein weiteres Konzept relevant, das das Selbst und die Identität behandelt. Es heißt **Selbstaufmerksamkeit.** So wird ein psychologischer Zustand bezeichnet, bei dem das Selbst ‚selbstbeobachtet und untersucht' wird, statt die Aufmerksamkeit auf externe Faktoren und Objekte zu richten. Das Selbst ist Gegenstand der eigenen Aufmerksamkeit (Duval und Wicklund 1972) – so das Postulat der Theorie der objektiven Selbstaufmerksamkeit. Diese unterschiedet zwei Richtungen: Die sogenannte subjektive Selbstaufmerksamkeit ist nach außen gerichtet. Die Objektive Selbstaufmerksamkeit ist die Beschäftigung mit sich selbst. Sie richtet sie sich nach innen zu eigenen Emotionen, Stimmungen und Denkweisen.

In der Sozialpsychologie resultiert die Differenzierung zwischen dem ‚Selbst' und der ‚personalen Identität' teilweise aus unterschiedlicher Tradition verschiedener Denkschulen (◘ Abb. 2.1). Der Begriff *Selbst (Self)* wurde in der nordamerikanischen Sozialpsychologie geprägt. Die nordamerikanische Tradition betont die individualistische Sichtweise und den Beitrag der sozialen Kognitionsforschung. Die soziale Wahrnehmung und Informationsverarbeitung, die seit den siebziger Jahren geltende Paradigmen dieser Tradition sind, trugen zum Verständnis des Selbst bei, das durch die *Interaktion* geformt, ja konstruiert wird.

Die *Identität (Identity)* hat eher europäische Wurzeln. Der Identitätsansatz dieser Tradition versteht unter der personalen Identität die Selbstdefinition „als einzigartiges Individuum im Sinne von interpersonellen oder intragruppalen Unterschieden" (‚Ich' oder ‚mich' versus ‚du' oder ‚dich' bzw. ‚Ihr' oder ‚euch' – vgl. Simon und Tröschel 2007, S. 173).

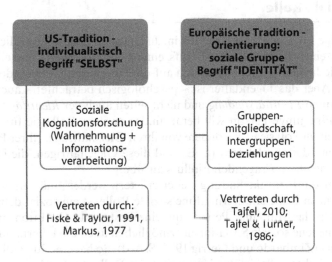

◘ **Abb. 2.1** Das Selbst einer Person wird in der Psychologie traditionell unterschiedlich gesehen (frei nach Jonas et al. 2014).

**2**

Die personale Identität kann als eine gewisse **Erweiterung des Selbst** gesehen werden (Aron et al. 2001). Man kann sich das so vorstellen: Ein Mensch nimmt in sein eigenes Selbstkonzept ein oder mehrere Merkmale eines ihm sehr nahestehenden Menschen auf. Sie/er „verinnerlicht" beispielsweise die Merkmale ihres/seines Partners. Forschende untersuchten das Phänomen mit Verheirateten, die sich selbst beschreiben mussten. Die Zielpersonen der Studie hatten Probleme bei der Beschreibung eines eigenen Merkmals dann, wenn sich dieses vom gleichen Merkmal der Partnerin/des Partners unterschied. Leichter fiel ihnen die Beschreibung des eigenen Merkmals, wenn dieses dem korrespondierenden Merkmal des Partners glich (Aron et al. 2001).

Zimbardo und Gerrig sprachen von der personalen **Identität** als vom Bewusstsein, das eine Person von sich selbst entwickelt. Das Erleben von Integrität (Ganzheit) und Kontinuität der eigenen Person gehören in ihrer Auslegung zum *Identitätserleben* (Zimbardo und Gerrig 1996, S. 788). Die personale Identität stellt dar, wie ein einzigartiges Individuum seinen Platz in der Welt sieht und ausfüllt.

Sozialpsychologinnen und Sozialpsychologen fanden ebenso, dass die personale Identität den Charakter eines sozialpsychologischen *Mediators* trägt. Sie wird in der sozialen Interaktion geformt, aber gleichzeitig formt und steuert sie die nachfolgende soziale Interaktion (Simon und Tröschel 2007, S. 151): Sie steht in der Mitte zwischen beiden.

Die Idee der Erweiterung des eigenen Selbst durch die Integration beziehungsweise Verinnerlichung bestimmter Merkmale, die aus einer (nahen) sozialen Beziehung stammen, führt zum Begriff der sozialen Identität (Tajfel und Turner 1986). Dieses Thema wird im ► Abschn. 2.2 behandelt. Davor setzen wir uns jedoch mit der „Sozialen Rolle" auseinander. Dieses Konzept ist für die soziale Herausbildung der sozialen Identität von großer Bedeutung.

### 2.1.1  Soziale Rolle

Viele wichtige Entscheidungen werden im Jugendalter gefällt, etwa die Wahl einer Ausbildung, eines Studiums, eines Berufs, einer Lebenspartnerin und eines Lebenspartners. Die Jugendlichen bereiten sich auf die Übernahme verschiedener sozialer Rollen vor. Aber das Jugendalter ist – psychologisch betrachtet – auch die Phase der sogenannten *Identitätsfindung* und nicht selten auch der *Identitätskrisen* (Erikson 2003). Eine junge Person will herausfinden, welche Rolle sie für ihre soziale Umwelt spielt und ob sie insbesondere von ihren Gleichaltrigen (ihrer Peer-Group) angenommen oder abgelehnt wird. Es sind diese Gleichaltrigen, die in dieser Lebensphase einen herausragenden Einfluss ausüben.

Bevor wir die Identitätsfindung weiter erörtern werden, müssen wir das Konzept der sozialen Rolle erläutern. „Eine soziale Rolle ist ein sozial definiertes Verhaltensmuster, das von einer Person, die eine bestimmte Funktion hat, erwartet wird. Verschiedene soziale Situationen ermöglichen auch die Übernahme verschiedener Rollen" (Zimbardo und Gerrig 1996, S. 410). So hat eine Jugendliche in ihrer Familie die Tochterrolle, in der Universität die Rolle der Studentin und in ihrer Freizeit die Rolle der Fußballspielerin.

Die soziale Rolle stellt die Gesamtheit des eigenen Status einer Person dar (Linton 1979). Sie umfasst sowohl Erwartungen und Anforderungen als auch die Reaktion des Individuums auf sie, das heißt das individuelle Verhalten und die individuellen Handlungsmuster. Gerade die *Anforderungen und Erwartungen*, die auf eine Rolle gerichtet sind, sind zeit- und situationsspezifisch. Sie sind zu einem bestimmten Zeitpunkt und für eine bestimmte Dauer sowie spezifische Situation geltend. Die Rolle bezieht sich auf die Position, die ein Individuum in der Gesellschaft einnehmen soll oder bereits einnimmt.

Gemäß der sozialpsychologischen *Rollentheorie* (Linton 1979) gehören zu einer Rolle auch die *Handlungsfreiräume*, die dem Individuum offenstehen. Die Rollentheorie beschäftigt sich damit, wie gesellschaftlich vorgegebene Rollen erlernt, verinnerlicht, ausgefüllt und modifiziert werden.

Aus der Übernahme verschiedener sozialen Rollen können *Rollenkonflikte* erwachsen (Zimbardo und Gerrig 1996). Ein Rollenkonflikt ist ein Konflikt zwischen den Bezugsgruppen eines Individuums.

▶ Beispiel

Die schon erwähnte Jugendliche will die Erwartungen aller erfüllen, der Eltern, Mitstudierenden, Mitglieder ihres Fußballvereins. Das ist mitunter sehr schwer, weil sich die Erwartungen oft widersprechen. Die junge Frau kann sie unmöglich voll erfüllen. Folglich befindet sie sich in einem Rollenkonflikt. Es handelt sich um einen *Interrollenkonflikt*, einen Widerspruch zwischen zwei oder mehreren Rollen bei einem Menschen. Die Jugendliche kann nicht der Anforderung der Eltern Folge leisten, die von ihr erwarten, dass sie jedes Wochenende etwas mit der Familie unternimmt und gleichzeitig der Anforderung des Fußballvereins erfüllen, der eine Trainingsteilnahme auch am Wochenende fordert. Die Jugendliche will für ihr Studium mehr lernen und sich dabei auch so verhalten, wie es andere Studierende ihres Studienzirkels auch tun: Sie will mit ihnen ausgehen, wozu sie wegen der Trainingsstunden kaum Zeit hat. Das verursacht bei ihr einen *Intrarollenkonflikt*, zumal verschiedene Segmente einer einzigen Rolle als Studentin konfligieren. ◀

## 2.1.2 Identitätsfindung

Der Prozess der Rollenübernahmen findet zum größten Teil (aber nicht ausschließlich) im Jugendalter statt. Selbstverständlich werden im *Verlauf des gesamten Lebens* neue Rollen übernommen: die Rolle als Eltern, als Rentnerin oder Rentner, als Kranke oder Kranker oder als Nobelpreisgewinnerin und Nobelpreisgewinner. Dabei können immer *Identitätskrisen* auftreten. Sie treten typischer Weise am Anfang und Ende einer Lebensphase auf.

Der Pionier der Lehre von Identitätsentwicklung war der Psychoanalytiker Erik Homburger Erikson (1902–1994). Erikson formulierte die *Theorie der Identitätsentwicklung im Lebenslauf (1973)*. Er fokussierte speziell auf die Rollenübernahme im Jugendalter. Er glaubte, dass *Krisen eine zentrale Voraussetzung der Identitätsfindung* sind. Und vielmehr noch: Die Identitätskrisen interpretierte er als den Antrieb des gesellschaftlichen Wandels (Erikson 2003)

**2**

Erikson zeigte auf, dass die *Identitätsentwicklung* mit der Beendigung der Lebensphase ‚Kindheit', also mit der Pubertät, beginnt (Erikson 1973 und Erikson 2005). Er postulierte, dass das Ende der Kindheit von vielen Menschen als ein unwiederbringlicher Verlust empfunden und deshalb als schmerzlich und krisenhaft erlebt wird. Als eine Krise kann sich auch der Übergang von der Jungendphase in das Erwachsenenleben vollziehen. Viele junge Leute geraten da in Panik: „Jetzt muss ich mich für irgendetwas entscheiden, was ich dann mein Leben lang machen werde. Wie schrecklich!" Manche Jugendliche haben ihre Eltern und andere erwachsenen Bezugspersonen vor Augen, die sich jeden Tag abrackern und sich längst in den tagtäglichen Routinen verloren haben.

Und genau diese Erwachsenen nerven dauernd, weil sie fortwährend fragen: „Na, was willst Du werden? Was willst Du studieren?" Die Schule fordert ebenfalls, dass sich die junge Frau oder der junge Mann festlegt. Alles das zusammen verstärkt das Gefühl der *Orientierungslosigkeit*, die für die Identitätsentwicklung typisch ist. So fragen sich beispielsweise die jungen Menschen, die sich für ein Studium entscheiden sollen: „Was kann ich eigentlich? Was will ich? Was will ich auf keinen Fall? Kann ich mir vorstellen, eine Sache das ganze Leben zu tun? Bin ich die Person, für die ich mich halte?"

Diese Situation ist durch Unsicherheiten und Zweifel gekennzeichnet. Der Neofreudianer Erikson nannte das Phänomen die „**Identitätsdiffusion**" (Erikson 1973). Viele Jugendliche wollen Psychologie studieren, weil sie sich vom Psychologiestudium Hilfen und Antworten auf Fragen versprechen, die sie verunsichern, ja sogar quälen. „Häufig wird angenommen, dass das Jugendalter von der „Entwicklungsaufgabe" der Identitätsbildung bestimmt wird." (Zimbardo und Gerrig 1996, S. 788).

Für die Identitätsfindung reicht eine Selbsterkundung (Introspektion) nicht. Es braucht prinzipiell eine soziale Antwort und eine Spiegelung durch Bewertungen und Meinungen anderer Personen. Die Identität entwickelt sich nicht in Abgeschiedenheit. Vielmehr ist sie in den spezifischen Rollen verankert, welche die Individuen in der Gesellschaft einnehmen (Stets und Burke 2003). Deshalb beschrieb E. H. Erikson (1973, 2003) die Jugend auch als Phase der Rollenfindung *innerhalb des Lebenslaufs* (oder besser: der Lebensspanne – Life-span -, die einem Menschen zur Verfügung steht). Diese Rollenfindung spielt sich im *sozialen Kontext* ab. Dort und konkret in der sozialen *Interaktion* entwickelt sich die Identität. Zu ihr gehören die sexuelle Orientierung, berufsbezogene Entscheidungen, das Erkennen eigener Stärken und Schwächen sowie der individuellen Einzigartigkeit. Fehlen mehrere dieser Merkmale, ist die Identität der Person *nicht richtig artikuliert*.

Erikson setzte sich ebenso mit der Übernahme von Rollenverpflichtungen auseinander. Der Forscher James Marcia (1966) führte die Gedanken von Erik H. Erikson über die Rollenübernahme fort. Das führe zur Definition von vier „Identitätstypen" (oder Stadien der Identitätsfindung):

a. Das erste Stadium ist das der *diffusen Identität*. Junge Menschen sehen in diesem Stadium kaum irgendwelche Wahlmöglichkeiten für eine Verpflichtungsübernahme. Auch die Fähigkeit der Selbsterkundung fehlt noch. Der oder die Jugendliche sucht noch nicht nach einer Selbstverpflichtung.

b. Das zweite Stadium ist die *Abschottung.* Der oder die Jugendliche ist zwar zur gewissen Verantwortungsübernahme bereit, entwickelt jedoch noch keine Tendenz, zu suchen und sich selbst zu erkunden.

c. Das dritte Stadium ist ein *Moratorium* (Schonraum), für das die Selbstexploration ohne feste Verpflichtung charakteristisch ist. Der oder die Jugendliche ist bereit, Verantwortung zu übernehmen, er oder sie schiebt es jedoch noch auf.

d. Das vierte Stadium ist die *Vollendung der Verpflichtungsübernahme.* Der oder die Jugendliche ist nun bereit, bestimmte Rollenverpflichtungen zu übernehmen und Werte zu akzeptieren.

James Marcia meinte jedoch, dass diese Stadien keine kontinuierliche Abfolge darstellen. Er sah den Ablauf der Identitätssuche nicht als einen sequenziellen Prozess an. Vielmehr können die Stadien durcheinandergeraten und sich auch wiederholen. Die Annahme von James Marcia (1966) lautet, dass sich das Gefühl der *Identität aus einer bewussten Wahl und aus Verpflichtungen* entwickelt, die sich auf personale und soziale Eigenschaften beziehen.

Nicht nur James Marcia, auch andere Wissenschaftlerinnen und Wissenschaftler (z. B. Berzonsky und Kuk 2000) wollten herausfinden, warum die Identitätsfindung bei jungen Menschen sehr unterschiedlich verläuft, je nachdem an welchen Informationen und Vorgaben sich diese jungen Menschen jeweils orientieren. Berzonsky und Kuk kamen zu der Erkenntnis, dass es an differierenden Prozessen des Herausfilterns relevanter (salienter) Informationen liegt, beziehungsweise daran, ob der Mensch Verpflichtungen sucht oder meidet. Aus der Analyse dieser Prozesse ergaben sich drei *verschiede Orientierungsstile,* die sich während der Phase der Identitätsfindung manifestieren (Berzonsky et al. 1999):

a. **Informationsorientierung:** Die Identitätsfindung der Person, bei der dieser Stil identifiziert wurde, zeichnet sich durch eine aktive Suche nach Informationen aus. Die Findung ist ein rationaler Prozess, während dessen die Relevanz der Informationen für das Individuum bewertet wird. Die eigene Selbstbeurteilung wird gezielt mit Feedbacks aus dem sozialen Kontext abgeglichen. Der Stil *Informationsorientierung* ist positiv assoziiert mit hohem Interesse an Problemlösungen, mit emotionaler Autonomie und Selbstkontrolle, mit bewussten Entscheidungen und einer großen Offenheit für neue Ideen.

b. **Normative Orientierung:** Menschen mit diesem Stil der Identitätsfindung scheinen sich bei ihren Entscheidungen nach Regeln und Vorgaben der signifikanten Bezugspersonen zu richten. Sie handeln zielgerichtet, haben jedoch ein starkes Bedürfnis nach einer Struktur und festen Regeln. Sie sind ablehnend gegenüber den Informationen, die ihr sich heranbildendes Werte- und Glaubenssystem bedrohen könnten.

c. **Diffusität und Vermeidung:** Dieser Stil der Identitätsfindung zeichnet sich durch das Zögern angesichts personaler Probleme und Entscheidungen aus. Lösungen werden so lange hinausgezögert, bis sie sich aus der Situation von selbst ergeben. Die empirische Forschung zeigte, dass Menschen, die diesen Stil praktizieren, relativ hedonistisch und selbstzentriert sind. Dieser Stil ist *signifikant positiv* assoziiert mit emotionalen Coping-Strategien, Erwartungen einer externen Kontrolle und einer geringen Anpassungsfähigkeit. Er ist *signifikant negativ* assoziiert mit Selbstreflexion, Ausdauer, und Offenheit gegenüber neuen Ideen.

Zusammenfassend lässt sich feststellen, dass der Prozess der Identitätssuche, der die Orientierung in der Gesellschaft, Verpflichtungsübernahme und eigene Zielfindung beinhaltet, nicht allein sozialpsychologisch erklärt werden kann. Vielmehr müssen sozial-kognitive Erklärungen herangezogen werden (Stryker und Burke 2000). Die Identität wird als das Ergebnis des sozialen Kontextes und ihrer kognitiven Strukturierung betrachtet.

## 2.2  Das „Wir" und die Soziale Identität

Die europäische Tradition des Konzepts **Personale Identität** (◘ Abb. 2.1) steht in einer Beziehung zu einem anderem Konzept, nämlich dem der **Sozialen Identität**. Dieser Begriff bezeichnet die *personale Wahrnehmung*, selbst zu einer bestimmten Gruppe und sozialen Kategorie zu gehören. Diese Zugehörigkeit ist mit einem affektiven Wert assoziiert (frei nach Tajfel 1974). Sie besitzt eine Wertausdrucksfunktion, das heißt, sie hilft, die individuellen Wertvorstellungen zum Ausdruck zu bringen (Jonas et al. 2014, S. 622).

Wenn ein Individuum wahrnimmt, dass es zu einer bestimmten Gruppe oder Gemeinschaft gehört, entwickelt es das **Zugehörigkeitsgefühl**: „Das sind wir!" Dieses Individuum *identifiziert sich* mit dieser Gruppe oder Gemeinschaft, die fortan seine Gruppe ist, also *die Eigengruppe (Ingroup)*. Das **Wir-Gefühl** repräsentiert die soziale Identität (Tajfel 2010).

Das typische Merkmal einer Gruppenzugehörigkeit ist: Die Ingroup wird von ihren Mitgliedern überwiegend *positiv* beurteilt. Ihr werden positive Merkmale zugeschrieben, mit denen sich diese *Eigengruppe* von anderen Gruppen, (den Fremdgruppen – *Outgroups*) unterscheidet. Die „positiven Unterschiede" stärken das Selbstwertgefühl von Gruppenmitgliedern. Im Gegensatz dazu werden die Outgroups mit negativen Bewertungen, mitunter auch mit Vorurteilen belegt und nicht selten diskriminiert.

Diese Beurteilungen sind zentral für die Entstehung der sozialen Identität, weil diese sich aus der emotionalen Bedeutung (emotional value) ergibt, welche die Gruppenzugehörigkeit für das Individuum hat. Henry Tajfel (2010) betrachtete die soziale Identität als einen Teil des Selbstkonzepts. Weil sich die Gruppenmitglieder bemühen, eine positive soziale Identität zu erhalten, stellen sie **Vergleiche** mit den für sie relevanten Fremdgruppen (Outgroups) an. Fällt dieser Vergleich positiv aus, das heißt, kann die eigene Gruppe besser als andere Gruppen beurteilt werden, wird die eigene soziale Identität gestärkt. Ein gutes Beispiel dafür ist die soziale Identität der Fans eines Fußballklubs. Solche Fangemeinden vergleichen sich andauernd. Wenn aber der Vergleich negativ ausfällt, sind mehrere Mitglieder bereit, die bisherige Fangemeinde zu verlassen und sich einer anderen anzuschließen, wobei es zur Abwertung der bisherigen Eigengruppe kommt.

## 2.2.1 Vergleiche und Unterschiede

Das wesentliche für die Entwicklung des Wir-Gefühls ist der Vergleich zwischen der Eigengruppe und den Fremdgruppen. Dabei kommt es aber nicht zu sehr auf das „objektive Ergebnis" an. Wichtiger ist der **Prozess des Vergleichs** und die Möglichkeit, sich von anderen Gruppen *positiv zu unterscheiden*. Das nannte Henry Tajfel (1972) die **positive soziale Distinktheit.** Der positive Unterschied muss jedoch nicht objektiv bestehen. Er wird durch den Vergleich konstituiert, ist also rein *relativ*. So kann der positive Unterscheid (positive soziale Distinktheit) erreicht werden, wenn man andere Gruppen *abwertet*, aber genauso, wenn man die eigene Gruppe *aufwertet*.

Entsprechende Erkenntnisse erziele Henry Tajfel mit kooperierenden Forschenden durch eine Serie von Experimenten. In einem Experiment sollten Kinder Punktepaare an zwei Gruppen verteilen: die eigene und eine fremde. Normalerweise würde man sich vorstellen, dass die Kinder der eigenen Gruppe mehr Punkte zukommen lassen wollten als der Fremdgruppe, dass sie sozusagen auf mehr Profit der Eigengruppe aus waren. Aber weit gefehlt! Die Kinder verteilten die Punkte in der Weise, dass sie den Unterschied am besten verdeutlichen konnten. Sie waren nicht am größten Gewinn interessiert, sondern am größten Abstand zwischen der eigenen und der fremden Gruppe (**Maximierung der Differenz,** vgl. Tajfel et al. 1971; Haslam 2004).

Das Bestreben sich positiv zu unterschieden und die eigene Gruppe als besser zu sehen, ist nicht mit der Vorbedingung verbunden, dass sie wirklich herausragend sein muss. Es reicht schon, dass man einer Gemeinschaft aus irgendwelchen völlig belanglosen Gründen zugeordnet wurde. Allein die ziemlich beliebige Zuordnung erzeugt die Zugehörigkeit, die ausreichend ist, um die eigene Gruppe (*ingroup*) – verglichen mit der Fremdgruppe (*outgroup*) – zu bevorzugen und die Fremdgruppe abzuwerten und zu benachteiligen. Dieses Phänomen heißt in der Sozialpsychologie **minimales Gruppenparadigma.** Bezeichnend ist, dass die Neigung zur Bevorzugung der Ingroup und Abwertung der Outgroup entsteht, auch wenn (oder gerade weil) sich die Gruppenmitglieder nicht gegenseitig kennen und nicht direkt interagieren, ja sogar anonym sind (Tajfel et al. 1971). Vielleicht bietet das minimale Gruppenparadigma ein Stück Erklärung für die Erscheinungen des Hasses und der Feindschaft im Netz und der Tendenz, alles, wozu ich selbst nicht gehöre, nicht bloß abzuwerten, sondern am besten mit Shitstorms zu belegen.

## 2.2.2 Personale versus soziale Identität

Wann fühlt man sich als eine einzigartige Person, wann aber betrachtet man sich als Repräsentant des Wir? Offensichtlich gibt es keine scharfe Abgrenzung zwischen der personalen Identität und der Sozialen Identität. Tajfel und Turner (1979) meinten, dass zwischen diesen beiden Polen eine kontinuierliche Relation besteht. Die personale Identität, die als Wahrnehmung des Selbst und das Wissen über sich selbst definiert wird (▶ vgl. 2.1), resultiert aus Vergleichen. Man kann sich erleben, wenn man die eigenen Gedanken, Gefühle und Fähigkeiten mit den Gedanken, Gefühle und Fähigkeiten der anderen Personen kontrastiert. Diese Kontrastierung passiert zunächst der individuellen Ebene. Man bezieht sich auf konkrete Menschen, die man direkt oder von Hörensagen kennt oder zu mindestens gesehen hat, z. B. als ein Bild, Bloggers etc.

Anders bei der sozialen Identität. Auf der sozialen Ebene sucht man nach Gemeinsamkeiten salienter Merkmale. Der Einzelne ist ein Teil einer sozialen Gruppe oder Gemeinschaft, die sie/er repräsentiert, seine Einzigartigkeit gerät in den Hintergrund.

Wie wir bereits erläutert haben, versucht das individuelle Gruppenmitglied die eigene Gruppe aufzuwerten (positive Distinktheit). Obwohl das nicht auf der individuellen Ebene, sondern auf der Gruppenebene passiert, profitiert die Einzelperson von dieser Aufwertung. Ihr Selbstwertgefühl steigt (Tajfel und Turner 1979). Interessanterweise kommt es nicht darauf an, dass manche Gruppenmitglieder vielleicht Unterschiede aufweisen: Danach wird nicht gefahndet. Die zugehörige Einzelperson sieht ihre Gruppe als ein homogenes Gebilde. Das gleiche gilt für die Fremdgruppe: auch dort werden alle als dumm, reich, Faschos etc. betrachtet. Die soziale Identität ist mit einer gewissen *Depersonalisierung* verbunden (Fisher et al. 2013, S. 122). Die personale und soziale Identität scheinen einander auszuschließen: In einer Gruppensituation verdrängt die soziale Identität die personale Identität.

Allerdings bleibt die Frage offen, wann sich eine Person primär als ein Individuum, das heißt als das ‚Ich' wahrnimmt und wann ist sie vor allem ein Gruppenmitglied, bei dem die soziale Identität im Vordergrund steht. Mit der Klärung dieser Frage befasst sich die **Selbstkategorisierungstheorie** (also Self-Categorization Theory). Sie wurde von Turner und Kollegen/Kolleginnen formuliert (Turner 1985; Turner und Reynolds 2010). Diese Forschenden wollten erläutern, wie Individuen überhaupt zu Gruppenmitgliedern werden und ob es die personale Identität oder die soziale Identität sind, die das Bewusstsein und Verhalten bestimmen.

Wie schon oben angedeutet, ist die Übernahme der sozialen Identität, konkret die Identität einer Gruppe (Gruppenidentität) mit einer Depersonalisierung verbunden. Die einzigartigen Eigenschaften einer individuellen Person werden sukzessive unterdrückt, zumal sich die Mitglieder einer Gruppe angleichen. In den Vordergrund treten diejenigen gruppenspezifischen Merkmale, die auf jedes Mitglied passen. Auf diese Weise nimmt die Ähnlichkeit der Gruppenmitglieder zu. Gleichzeitig entwickelt sich eine Übereinstimmung (Konsensus) innerhalb der Eigengruppe. Damit einher geht die Erhöhung der Homogenität (ingroup-homogeneity). Diese ist notwendig, um den *Unterschied zu anderen Gruppen* zu betonen (**Maximierung der Differenz,** vgl. Haslam 2004). Die „Selbstkategorisierung", also die Annahme der Gruppenidentität, erfolgt spontan und geschieht aufgrund der Ähnlichkeit bestimmter hervorstechender Merkmale. Diese werden in der Psychologie *salient characteristics* genannt. Die individuelle Person fühlt, dass sie ihren eigenen Merkmalen ähnlich sind. Sie empfindet, dass *sie in die Gruppe passt*. Die Annahme von Gruppenidentität hängt vom konkreten sozialen Kontext ab.

Die Frage, wann eine Person primär nach ihrer personalen und wann nach ihrer sozialen Identität handelt, muss wie folgt beantwortet werden:

- Ein Mensch ist zugleich ein Individuum und Gruppenmitglied. Deshalb hat sie/er die personale und die soziale Identität.
- Die psychologische Depersonalisation, die mit der sozialen Identität verbunden ist, produziert das Gruppenverhalten, d. h. Zusammenhalt, Konsensus, Kooperation und gegenseitige Einflussnahme der Mitglieder.
- Wenn sich ein Individuum als *einzigartig wahrnimmt* und sich primär über seine personale Identität definiert, ist sein Handeln das relativ unabhängige Handeln eines Individuums.
- Menschen kategorisieren sich selbst auf unterschiedlichen Ebenen der Abstraktion (Turner und Reynolds 2012). Sie definieren sich als Individuum, was relativ konkret ist, oder in den Begriffen der Unterschiede zu anderen Menschen, was abstrakter ist, oder als Mitglied ganz bestimmter Gruppen und schließlich als Mitglied der Gruppe, zu der sie am meisten zu passen glauben.

### 2.2.3 Soziale Normen und Regeln

Jedes soziale Gebilde – sowohl eine große Gemeinschaft als auch eine mittlere oder kleine Gruppe, zum Beispiel die Familie, – halten soziale Normen parat, die verschiedene Verhaltensstandards enthalten. Manche sind formal festgelegt, z. B. auch schriftlich, wie etwa Gesetze, welche die Normen für die Gesamtgesellschaft eines Staates widerspiegeln. Formal festgelegte Nomen sind für jeden Menschen sichtbar beziehungsweise zugänglich. Es sind *explizite* Normen. Die Normen kleiner sozialer Gruppen sind meistens nur mündlich überliefert. Man spricht von *impliziten* Normen.

Für ein neues Mitglied einer sozialen Gruppe ist es oft nicht einfach, herauszufinden, welche Normen konkret gelten. Das kann auch in Unternehmen ein Problem sein. Eine neue Mitarbeiterin und ein neuer Mitarbeiter bei einem großen Automobilhersteller wissen häufig nicht, was sich für die Mitarbeitenden gehört, was dort erwartet und akzeptiert wird. Die impliziten Normen sind ihnen noch verschlossen. Wie kleidet man sich? Was sagt man? Was verschweigt man lieber? Wird von den Mitarbeitenden erwartet, dass sie länger am Abend bleiben? Bis die Neuen es herausfinden, können sie mehrmals „in ein Fettnäpfchen" treten, das heißt, die sozialen Normen verletzen. Sie müssen also intensiv beobachten, wie sich die Mitarbeiterinnen und Mitarbeiter verhalten, die schon länger im Unternehmen tätig sind. Sonst würden sich die Neuen nicht integrieren können. Ihnen würden in solchen Fällen negative Konsequenzen *(Sanktionen)* drohen, die denjenigen zuteilwerden, die nicht schnell genug zeigen, dass sie dazugehören. Eine mehrfache Verletzung der vorherrschenden sozialen Norm hat in jedem Fall negative Folgen. Die Mitarbeiterin oder der Mitarbeiter wird nicht gemocht und als Außenseiterin beziehungsweise Außenseiter abgestempelt („Die ist irgendwie komisch!"). Darüber hinaus kann sich diese Mitarbeiterin oder der Mitarbeiter zu einem potenziellen „Mobbing-Opfer" entwickeln. Oder er und sie überstehen die Probezeit gar nicht, weil die Führungskräfte merken, dass zwischen dieser neuen Mitarbeiterin oder neuem Mitarbeiter und der Stammbelegschaft das Klima nicht stimmt.

**2**

Allerdings werden in bestimmten Situationen auch Abweichungen von der geltenden sozialen *Norm toleriert*. So nimmt eine Gruppe eine ein- oder zweimalige Normverletzung hin. Sie kann sogar als interessant befunden werden. Das nonkonforme Verhalten eines neuen Mitglieds kann zunächst als anregend empfunden werden. Weitere wiederholte Normverletzungen werden aber selten akzeptiert und die/der Neue bleibt ein Außenseiter.

Der Druck der sozialen Normen, die jugendliche Peer-Gruppen ausüben, ist besonders stark. So entfaltet sich die Identitätssuche im Jugendalter in einer Atmosphäre, die keineswegs als „frei" empfunden werden kann. Die Erwartungen von Gleichaltrigen bestimmen das Verhalten der jeweiligen Clique oft bis ins letzte Detail. Wer sich von der Cliquen-Norm unterscheidet, etwa hinsichtlich der Sprache, des Aussehens, der Bekleidung und Schuhe, der Ausstattung mit Geräten, des Freizeitverhaltens, der sexuellen Eroberungen und so fort, die oder der hat es schwer. Sie oder er wird nicht angenommen und hat keine Chance, die soziale Identität der Gruppe anzunehmen. Sie und er kann nicht nur eine Zurückweisung, sondern auch körperliche Gewalt auf sich ziehen. Diesbezügliche Polizeiberichte zeigen nur die berühmte Spitze des Eisbergs.

In der digitalen Zeit spielen die virtuellen Gruppen beziehungsweise sozialen Netzwerke der Jugendlichen eine erhebliche Rolle. Der Druck von sozialen Normen, der von den realen Cliquen ausgeht, mischt sich mit denen der virtuellen Gruppierungen. Den Jugendlichen wird eine **massive Konformität** abverlangt, was nicht selten zu Überforderung, Depressivität und in Ausnahmefällen auch zu Verzweiflungstaten führen kann. Das alles sind Schwerpunkte der begonnenen und aufkommenden psychologischen Forschung. Die jüngste Studie der Befragung des Plan International über die Erfahrungen von 14.000 Mädchen und jungen Frauen aus 22 Ländern zeigt das Ausmaß der Drangsalierung: Mehr als die Hälfte der Befragten erlebten Belästigung und Bedrohung. Ihnen wurden Vergewaltigung und andere sexualisierte Gewalttaten angedroht, ihre Internetbeiträge und Fotos wurden manipuliert und ihnen wurden pornografische Bilder zugeschickt (Plan International 2020).

Neben den sozialen Normen wird in der Sozialpsychologie auch der Begriff der *subjektiven Norm* verwendet. Diese ist der Ausdruck der personalen Identität. Sie reflektiert die *antizipierten* Rollen- und *Verhaltenserwartungen* dar, die das Individuum aus seinem sozialen Kontext bezieht. US-amerikanische Wissenschaftlerinnen (Markus und Kitayama 1991) betonten den kulturspezifischen Charakter der individuellen Normen.

Die Unterscheidung zwischen *sozialen Normen und sozialen Regeln* ist nicht einfach. Regeln sind in gewisser Weise ein Bestandteil von sozialen Normen. Sie repräsentieren Erwartungen an ein angemessenes soziales (Rollen-)Verhalten. *Sie sind implizit oder explizit in den sozialen Normen niedergelegt* und bieten den Gruppenmitgliedern beziehungsweise den Trägerinnen und Trägern der sozialen Rollen eine Verhaltensorientierung an.

Soziale Situationen, soziale Gruppen und soziale Settings (wie zum Beispiel Schule, Sportverein, Arbeitsorganisation) haben ihre Regeln, das heißt Richtlinien, wie man sich verhalten und miteinander umgehen soll. Festorganisierte (offizielle) Settings, etwa Schulen, haben zahlreiche *geschriebene* Regeln, z. B. wann man kommen muss, dass man im Unterricht sein Handy ausschalten muss und dass in den Toiletten nicht geraucht werden darf. Unverbindlichere soziale Zusammenschlüsse, zum Beispiel der Freitagsstammtisch der Freunde französischer Sprache in einer Kneipe, haben vor allem *ungeschriebene* Regeln. Aber auch diese können *explizit* formuliert sein, etwa die Regelung der Stammtischeröffnung (jeden Freitag ab 19:30 Uhr), die Regel, dass jeder seine Getränke selbst zahlt und dass man die ganze Zeit der Zusammenkunft nur Französisch sprechen darf. Aber die Gruppen und Settings haben ebenso *implizite Regeln*, die nicht offen thematisiert werden, von den Gruppenmitgliedern jedoch respektiert werden. Von ihrer Existenz erfahren die Stammgäste am Stammtisch mittels mündlicher Überlieferung und aus der Beobachtung des Verhaltens anderer Gäste, die diese Regeln schon länger kennen, also durch Vorbilder.

Für angehende Wirtschaftspsychologinnen und Wirtschaftspsychologen ist es wichtig zu wissen, dass solche Regeln (speziell auch die impliziten) zu der sogenannten Unternehmenskultur gehören. Man weiß einfach, dass in diesem Unternehmen die Frauen nicht diskriminiert und belästigt werden, dass man leger angezogen kommen darf, dass die ökologische Orientierung die ganze Arbeit bestimmt und dass man beim Eintritt in die Firma einen Begrüßungsumtrunk veranstaltet. Implizite Regeln werden in der Interaktion weitergegeben, aber auch modifiziert. Sie sind ein Konstrukt, das in der Interaktion entsteht.

Zusammenfassen sollte festgestellt werden, dass in den sozialen Normen und Regeln der soziale Einfluss auf Personen, aber auch Gemeinschaften zum Ausdruck kommt. Dabei wird die Wirkung in diesem Falle nicht von anwesenden (konkreten) Personen ausgeübt, dennoch ermöglich sie eine Orientierung für das Handeln in der sozialen Welt.

**? Fragen**

1. Definieren sie bitte die Selbstaufmerksamkeit.
2. Die personale Identität wird von einigen Sozialpsychologinnen und Sozialpsychologen als eine gewisse ‚Erweiterung des Selbst' gesehen. Erläutern Sie bitte, was damit gemeint ist.
3. Welcher Autor befasste sich mit der Identitätsfindung?
4. Müssen Identitätskrisen immer negative Konsequenzen haben?
5. James Marcia definierte vier Identitätstypen: Nennen Sie diese bitte kurz.
6. Was meinte Henry Tajfel mit der positiven sozialen Distinktheit?
7. Warum ist die soziale Identität immer mit einer gewissen Depersonalisierung verbunden?

**✔ Antworten**

1. Selbstaufmerksamkeit ist ein psychologischer Zustand, bei dem das Selbst ‚selbstbeobachtet und untersucht' wird, statt die Aufmerksamkeit auf externe Faktoren und Objekte zu richten. Das Selbst ist Gegenstand der eigenen Aufmerksamkeit (Duval und Wicklund 1972).
2. Ein Mensch nimmt in sein eigenes Selbstkonzept ein oder mehrere Merkmale eines ihm sehr nahestehenden Menschen auf. Sie/er „verinnerlicht" die Merkmale ihres/seines Partners.

2

3. Erik H. Erikson (1902–1994).
4. Nein, sie sind oft die Voraussetzung eines fundamentalen gesellschaftlichen Wandels.
5. Identitätstypen nach Marcia (1966):
   Stadium der diffusen Identität, Stadium der Abschottung, Moratorium (Schonraum), Verpflichtungsübernahme.
6. Das Bestreben, die Ingroup aufzuwerten und einen positiven Unterschied zu anderen Gruppen (Fremdgruppen) zu sehen.
7. Die individuellen Merkmale verlieren angesichts der sozialen Identität an Relevanz. Wichtig sind die Merkmale des Individuums, die auch bei den Gruppenmitgliedern identifiziert werden können. Die Gruppe soll anhand dieser Merkmale möglichst homogen erscheinen.

**Zusammenfassung und Fazit**

Dieses Kapitel befasst sich mit der Identität von Individuen. Dieser Begriff ähnelt in der Bedeutung den Begriffen Selbstbild oder Selbstkonzept, die an einer anderen Stelle in diesem Lehrbuch behandelt wurden. Zum Identitätserleben gehören das Erleben der Integrität (der Ganzheit) und der Kontinuität (des Fortbestands) der eigenen Person. In diesem Kapitel wird auch die Herausbildung der Identität im Jugendalter beschrieben. Die Sozialpsychologie setzt sich nicht nur mit individueller Identität auseinander, sondern auch mit der sozialen Identität. Diese entwickelt sich im Prozess der Integration eines Individuums in soziale Gruppen. Das *Wir-Gefühl* entspricht diesem Begriff. Die Beziehung des Individuums zur eigenen Gruppe *(Ingroup)* und zur Fremdgruppe *(Outgroup)* sowie die Bedeutung sozialer Regeln und sozialer Normen werden in diesem Kapitel erläutert.

# Literatur

Allport, G.W. (1968): Is the concept of self necessary? In C. Gordon & K.J. Gergen (Eds.), *The self in social interaction: Vol.1. Classic and contemporary perspectives* (pp. 25–32). New York: Wiley
Aron, A., Aron, E.N. & Norman, C. (2001): Self-expansion model of motivation and cognition in close relationships and beyond. In G.J.O. Fletcher & M. Clark (Eds.), *Blackwell handbook of social psychology: Interpersonal processes* (pp. 478–501). Oxford: Blackwell.
Berzonsky, M. D. & Kuk, L. S. (2000): Identity Status, Identity Processing Style, and Transition to University. *Journal of Adolescent Research*, 15 (1), 81–98.
Berzonsky, M. D., Nurmi, J.-E., Kinney, A. & Tammi, K. (1999): Identity processing style and cognitive attributional strategies: Similarity and differences across different contexts. *European Journal of Personality*, 13 (2), 105–120.
Duval S, Wicklund RA (1972): *A theory of objective self-awareness*. New York, Academic Press
Erikson, E.H. (1973): *Identität und Lebenszyklus. Drei Aufsätze*. Frankfurt: Suhrkamp Taschenbuch Wissenschaft.
Erikson, E.H. (2003): *Jugend und Krise. Die Psychodynamik des sozialen Wandels*. Stuttgart: Klett-Cotta, 5. Auflage.
Erikson, E.H. (2005): *Kindheit und Gesellschaft*. Stuttgart: Klett-Cotta, 14. Auflage
Fisher, P.; Asal, K. & Krueger, J.I. (2013): *Sozialpsychologie für Bachelor. Lesen, Hören, Lernen im Web*. Berlin, Heidelberg: Springer

Haslam, S. A. (2004): *Psychology in organizations: The social identity approach.* London: Sage, 2nd ed.

James, W. (1950): *The principles of psychology* (Vol. 1). Cambridge, MA: Harvard University Press. (Original 1890)

Jonas, K.; Stroebe, W. & Hewstone (eds.) (2014): *Sozialpsychologie.* Berlin, Heidelberg, 6. Vollständig überarbeitete Auflage

Linton, R. (1979): *Mensch, Kultur, Gesellschaft.* Stuttgart: Hippokrates-Verlag.

Marcia, J. E. (1966): Development and Validation of Ego Identity Status. *Journal of Personality and Social psychology*, 3 (5), 551–558.

Markus, H.R. & Kitayama, S. (1991): Culture and the self. Implications for cognition, emotion, and motivation. *Psychological Review*, 98, S. 224–253.

Plan International (2020): *Free to be online? Girls' and young women's experiences on online harassment.* Published online, plan-international.org.

Simon, B. & Tröschel, R. (2007): Das Selbst und die soziale Identität. In: Jonas, K.; Stroebe, W. & Hewstone, M. (eds.): *Sozialpsychologie. Eine Einführung.* Heidelberg: Springer, 148–184.

Stets, J. E. & Burke, P. J. (2003). A sociological approach to self and identity. In M. R. Leary & J. P. Tangney (Hrsg.), *Handbook of self and identity* (S. 128–152), New York: Guilford Press.

Stryker, J. H. & Burke, P. J. (2000): The past, present and future of identity theory. *Social Psychology Quarterly,* 63 (4), 284–297.

Tajfel, H. (1974): Social identity and intergroup behaviour. *Social Science Information, 13*, 65–93.

Tajfel, H. (Hrsg.). (2010): *Social Identity and Intergroup Relations* (3. Auflage). Cambridge: Cambridge University Press.

Tajfel, H., Billig, M.B., Bundy, R.P. & Flament, C. (1971): Social categorization and intergroup behavior. *European Journal of Social Psychology,1*, 149–178. https://doi.org/10.1177/053901847401300204.

Tajfel, H. & Turner, J.C. (1979): An integrative theory of intergroup conflict. In W.G. Austin & S. Worchel (Eds.), *The social psychology of intergroup relations.* Monterey, CA: Brooks/Cole, S. 33–47.

Tajfel, H. & Turner, J.C. (1986): The social identity theory of intergroup behavior. In S. Worchel & W.G. Austin (Eds.), *Psychology of intergroup relations* (2nd ed., pp. 7–24). Chicago: Nelson-Hall.

Turner, J. C. (1985). Social categorization and the self-concept: A social cognitive theory of group behavior. In E. J. Lawler (Ed.), *Advances in group processes: Theory and research* (Vol. 2, pp. 77–122). Greenwich, CT: JAI Press.

Turner, J.C. & Reynolds, K.J. (2012): Self-categorization theory, In Van Lange, P.A.M.; Kruglanski, A.W. & Higgins, E.T. (eds.): *Handbook of theories of social psychology.* London: Sage, DOI: https://doi.org/10.4135/9781446249222.n46

Zimbardo, P. G. & Gerrig, R. J. (1996): *Psychologie.* Bearbeitet und herausgegeben von S. Hoppe-Graff und I. Engel (7. neu übersetzte und bearbeitete Auflage). Berlin, Heidelberg, New York: Springer (Springer Lehrbuch).

# Attributionstheo- rien und Suche nach Ursachen sozialer Ereignisse

## Inhaltsverzeichnis

Die Ausführungen in diesem Kapitel basieren teilweise auf
dem Studienbrief von Garms-Homolová, V. (2017): Wer bin ich,
für wen hält man mich und was halte ich von den anderen?
Was sind sozialpsychologische Phänomene? Informationsverarbeitung im sozialen Kontext. Studienbrief der Hochschule
Fresenius online plus GmbH. Idstein: Hochschule Fresenius
online plus GmbH.

**3**

Die Suche nach dem „Warum" für bestimmte Ereignisse und eigene oder fremde Handlungen ist ein allgemeines menschliches Phänomen. Wir alle haben das Bedürfnis, Erfolge und Misserfolge nicht nur wahrzunehmen, sondern die entsprechenden Ursachen für sie zu finden. Wir schreiben die Erfolge und das Versagen entweder uns selbst zu (internale Attribuierung) oder bestimmten externen Bedingungen und Barrieren (externale Attribuierung). Im Verlauf des Lebens entscheidet sich, welche Art der Attribuierung bei einem Individuum überwiegt, das heißt, welchen individuellen Attributionsstil es entwickelt. Der Attributionsstil basiert darauf, dass wir unsere früheren Erfahrungen mit neuen Informationen kombinieren. Grundsätzlich sind Menschen bestrebt, die Zuschreibungen (Attribute) zu verallgemeinern. Dabei entsteht der sogenannte fundamentale Attributionsfehler, d. h. die Tendenz der Menschen, entweder sich selbst oder eher den Umständen die Schuld am Misserfolg oder aber am Erfolg zuzuschreiben.

---

> 🏫 **Nach eingehender Lektüre dieses Kapitels können Sie …**
> — darstellen, was Attributionstheorien sind und was sie erklären,
> — erläutern, was die Sozialpsychologen Fritz Heider, Harold Kelley und Bernhard Weiner zu dem Thema Attribuierung und Attributionstheorien jeweils beigetragen haben,
> — mit den konstitutiven Begriffen der Attributionstheorien (z. B. Kausalattribution, Kovariationsprinzip, Attributionsstil etc.) umgehen,
> — erläutern, dass bei der Suche nach Ereignis- und Verhaltensursachen bestimmte Wahrnehmungsverzerrungen entstehen (sogenannte Attributionsfehler) und welche Konsequenzen die Attributionsfehler haben.

## 3.1 Wovon handeln Attributionstheorien?

Attributionstheorien erklären die Regeln, an denen sich Menschen orientieren, wenn sie nach Ursachen für Ereignisse oder Handlungen anderer Personen und der eigenen Person suchen.

Zwischenmenschliche Regeln und sozialen Normen sind unentbehrlich, damit sich Menschen im sozialen Kontext, speziell in Interaktionen, orientieren können. Doch zu einer Orientierung in mehr oder minder komplexen sozialen Situationen gehört noch mehr, nämlich die genaue Wahrnehmung, die in jeder Situation und bei jedem Ereignis vorrangig darauf ausgerichtet ist, herauszufinden, warum die Situation so ist, wie sie ist. Warum ist dieses Ereignis überhaupt eingetreten? Was war seine **Ursache?**

Die Suche nach Ursachen setzt eine Analyse der Situation beziehungsweise des Ereignisses voraus. Aber wie geht das vonstatten? Welche Informationen muss sich der Mensch beschaffen und in welcher Weise?

Mit diesen Fragen befassen sich die **Attributionstheorien.** Sie stammten ursprünglich vom Fritz Heider (1896–1988), einem Wiener Psychologen, der in der Nazizeit nach USA auswandern musste. Heiders Attributionstheorie besagt, dass

Menschen ihre soziale Wirklichkeit ständig nach Ursachen von Ereignissen absuchen. *„Warum hat mich mein Freund verlassen? Warum ließen sich meine Eltern scheiden? Warum bekam ich diesen Job nicht?"*. Bei der Ursachensuche spricht man von der **Kausalattribution** (Zimbardo und Gerrig 1996, S. 426).

Wenn Menschen die soziale Wirklichkeit verstehen wollen, untersuchen und deuten sie ständig alles, was in ihrer Umgebung passiert. Dieser Prozess wird von den Attributionstheorien erklärt. *„Die Attributionstheorie ist ein Set von Konzepten, die erläutern, wie Menschen den Ereignissen um sie herum Ursachen zuordnen."* (Gilovich et al. 2016, S. 157). Die Attributionstheorie befasst sich aber auch mit den *Auswirkungen* dieser Zuordnungen und Zuschreibungen (Attributionen) auf das *menschliche Verhalten* in der Gegenwart und Zukunft.

Der Pionier der Attributionstheorien Fritz Heider postulierte, dass alle Menschen **„intuitive Psychologen"** sind, weil sie sich stets darum bemühen, das Verhalten von Mitmenschen zu ergründen (Heider 1977). Menschen sind fortwährend auf der Suche nach Ursachen. Ein wichtiges Prinzip der Attributionstheorie ist dementsprechend die Annahme, dass diese Suche nach Ursachen (Kausalitäten) ein **allgemeiner menschlicher Beweggrund** ist (Zimbardo und Gerrig 1996, S. 426). Wegen seiner Ansichten darüber, dass sich alle Menschen als intuitive Forscher verhalten, wird Fritz Heider als der Erfinder der **Alltagspsychologie** betrachtet.

▶ **Beispiele der Fragen nach Ursachen**

— Warum habe ich beim Wettlauf gewonnen?
— Warum stellte mir die Dozentin so viele Fragen und warum fragte sie die anderen Studierenden nichts?
— Warum ist der Bus mit meinen Mitschülerinnen und Mitschülern von der Fahrbahn abgekommen?
— Warum wurde gerade ich am Flughafen für die Gepäckuntersuchung ausgewählt? ◀

Die Suche nach **Ursachen** verbindet im Prinzip **drei Arten kognitiver** Prozesse: Verstehen und Kontrollieren des eigenen Verhaltens und die Prädiktion der Handlungsweisen anderer Menschen oder auch der Ereignisse, die (scheinbar) zufällig auftreten können.

Fritz Heider (1896–1988) prüfte in Experimenten, welche Informationen Menschen für die *„Ursachenerkundung"* heranziehen. Er verwendete dazu filmische Sequenzen mit geometrischen Figuren. Diese wurden von den beteiligten Versuchspersonen als „Männchen" wahrgenommen. Die Männchen ersetzten handelte Personen. Heider registrierte, wem die Versuchspersonen die Ursache eines Ereignisses zudachten. Er fragte konkret, wem sie das Zustandekommen des jeweiligen Ereignisses **zuschreiben** (englisch: to attribute). Wenn die Ereignisursache dem Männchen und seinem Verhalten zuschrieben wurde, nannte Fritz Heider das Phänomen die *„internale oder dispositionale Verursachung"*. Wenn jedoch die Versuchspersonen die Ursachen der *Situation* zugeschrieben, wurde dieses als *„externale oder situationale Verursachung"* benannt (Zimbardo und Gerrig 1996, S. 426 ff).

**3**

## 3.2 Kagsalattribution

» „Die Attributionstheorie ist ein Set von Konzepten, die erläutern, wie Menschen den Ereignissen um sie herum Ursachen zuordnen." (Gilovich et al. 2016, S. 157).

Diese Konzepte erklären vor allem die Regeln, an denen sich Menschen orientieren, wenn sie nach Ursachen für Vorkommnisse oder Handlungen anderer Personen suchen. Dieser Prozess ist die *kausale Attribution.* Sie ist für das Verstehen des sozialen Verhaltens hoch relevant, weil jeder Mensch sie, also die kausale Attribution, mehrere Male am Tage praktiziert. Die Gefühle des Menschen, sein Denken und Verhalten werden von Attributionen geprägt, und zwar in der Gegenwart wie auch in der Zukunft.

---

▶ **Beispiel**

Eine Studentin wurde zu einem Vorstellungsgespräch eingeladen. Ihr war bekannt, dass sich mehrere aus Ihrer Studiengruppe um die gleiche Stelle beworben haben, aber nicht eingeladen wurden. Sie fragt sich: „Warum gerade ich?" Und sie findet zunächst heraus: „Wahrscheinlich war meine Bewerbung die überzeugendste, ich habe sie wirklich super toll vorbereitet." Mit dieser Erklärung bedient sie sich einer **internalen und dispositionalen** Verursachungserklärung. Sie ist froh. Denn im Allgemeinen fühlt sie sich verunsichert und minderwertig. Deshalb gibt sie sich mit der ersten Erklärung nicht zufrieden. Sie grübelt weiter. Ihr fallen andere Ursachenerklärungen ein: „Wahrscheinlich wollte die Kommission jemanden mit einem Migrationshintergrund haben, dazu weiblich. Deshalb laden sie mich ein." Die Ursache wäre also in vorher gesetzten Auswahlkriterien (Quoten) für die Stelle zu sehen. Hier greift die Studentin auf eine **externale oder situationale** Verursachung zurück. ◀

---

Die Kausalattribution hat eine situationsübergreifende Wirkung. Sie entscheidet über die Emotionen. In unserem Beispiel füllt sich die Bewerberin minderwertig. Die Kausalattribution bestärkt ihr *schwaches Selbstwertgefühl.* Auch wenn sie auf die externale Kausalattribution zurückgreift, landet sie am Ende bei der negativen, gegen die eigene Person gerichteten Erklärung: „Ich bin nur eine Quotenfrau!" Ein Zusammenspiel kognitiver Prozesse (z. B. Informationen aus Medien, Gedächtnisbestandteile), Emotionen (Enttäuschung) und Persönlichkeitsfaktoren (Selbstbild) ist dabei wirksam.

## 3.3 Attributionsstile

In den Beispielen deutet sich an, dass sich die Attribution von Person zu Person unterscheidet. Jede Person hat einen eigenen *Attributionsstil.*

» „Attributionsstil ist die „Tendenz ähnliche Arten der Erklärung für verschiedene Ereignisse anzubieten" (Buchanan und Seligman 1995, S. 1)."

Die Attributionen sind ein fester Bestandteil der menschlichen Psyche. Sie erweisen sich als relativ konstant im Lebensverlauf, wobei jeder Mensch seinen einen **Erklärungsstil** zu entwickeln scheint. Ein Attributionsstil (auch Explanatory Style) ist ein individuelles Muster für Zuschreibungen (Attribution) von Ursachen und Gründen von Ereignissen aber auch von Erwartungen.

Die Bestimmungsfaktoren der individuellen Erklärungsstile differieren. Es wurde bereits erklärt, dass die Sozialpsychologinnen/Sozialpsychologen zwischen der **internalen** (bzw. **dispositionale) und externalen (situationale) Attribution** (Heider 1977) unterscheiden: Diese Differenzierung zeigt, ob das Ereignis von der Person selbst verursacht wurde, oder ob es an anderen Menschen, der Gesetzgebung, der Gesamtsituation usw. liegt, die verursachend wirken, beziehungsweise ‚schuld' sind.

Im Attributionsstil äußert sich die Kontrollüberzeugung des Individuums. Kann es die eintretenden Ereignisse kontrollieren und wenn ja, von welchem **Ort (locus of control - Lokationskontrolle)** sind diese Ereignisse kontrollierbar? Besitzt das Individuum **selbst** die Kontrolle, das heißt, ist die **Lokationskontrolle** in Bewusstsein dieses Individuums verankert, spricht man vom **internalen locus of control**. Liegt die Kontrolle **außerhalb** der Reichweite des Individuums, so spricht man von **externalen locus of control**. Dieses Konzept stammt vom Psychologen Julian B. Rotter. (Rotter 1975). Er hat den Begriff **locus of control** in seine theoretischen Überlegungen zur Attribution integriert. Mit dem Begriff **Kontrolle** beschrieb Rotter nicht unbedingt die willentliche Kontrollierbarkeit und Veränderungsmöglichkeit. Gerade im Hinblick auf die externale Lokationskontrolle zeigte er, dass es externale Ursachen gibt, die nicht internal kontrollierbar sind.

Julian B. Rotter (1975) und später Bernard Weiner (1994) setzten die Untersuchungen von Fritz Heider fort. Rotter bezieht sich auf Heiders Unterscheidung von „internal und external". Er nutzte dafür die Begriffe *autonom* versus *heteronom*. Heider führte jedoch noch eine weitere Perspektive ein. Er schaute, ob die Ursache des Verhaltens oder des Ereignisses stabil, oder eher variabel, d. h. veränderbar ist. Auf der Seite des handelnden Individuums bedeutete „stabil" „das Können" beziehungsweise die „Fähigkeit." „Variabel" bedeutete dagegen „Versuchen" beziehungsweise „Anstrengung."

Fritz Heider schaute gleichzeitig, ob die Ursache des Verhaltens sowie eines Ereignisses stabil ist, oder eher variabel, d. h. veränderbar. Auf der Seite des handelnden Individuums bedeutete „stabil" „das Können", d. h. die „Fähigkeit" aber auch „Schwierigkeit, Maß an Herausforderung". Das Merkmal „Variabel" bedeutete dagegen „Versuch" beziehungsweise „Anstrengung" oder „ein glücklicher Zufall".

- **Stabil/instabil:** Wenn eine bestimmte Erklärung bei den meisten Vorkommnissen angewandt wird und auch früher schon angewandt wurde, ist sie stabil. Es besteht eine hohe Wahrscheinlichkeit, dass sie auch zukunftsrelevant ist. Wenn die Person die Erklärung je nach Situation wechselt, ist ihr Erklärungsstil instabil.

**3**

— **Allgemein/spezifisch:** Wenn der Mensch die Erklärung fast allen Ereignissen zuschreibt: „Ich bin eben ein Pechvogel von Geburt an", egal, was passiert und um welches Vorkommnis es sich handelt, ist ihr/sein Erklärungsstil *allgemein*. Wenn die Person die Ursache jedoch nur einer einzigen Situation zuschreibt: „Ich merke mir keine Zahlen", verwendet sie einen *spezifischen* Erklärungsstil.

Im Verlauf der Zeit wurden - Anlehnung an die Modelle Heiders, Rotters und Weiners – spezifische Typologien der Attributionsstile entwickelt. Sie finden Anwendung in der klinischen Psychologie und auch der Personalpsychologie. Bekannt ist speziell das Konzept des pessimistischen Attributionsstils, mit dem der Sozialpsychologe Martin Seligman und seine Kooperationspartner die Entstehung von Depression erklären (Abramson et al. 1978). Das Konzept ist eine Überarbeitung des populären Buchs von Martin Seligman „Erlernte Hilflosigkeit" (Seligman 1975, deutsch Seligman 1979). Die Autoren verwendeten die drei Dimensionen *internal-external*, Stabilität (*stabil-instabil*) und Globalität (*global-spezifisch*). Sie zeigten, dass sich der pessimistische Attributionsstil durch die Tendenz auszeichnet, *negative Ereignisse* internal, stabil und global zu attribuieren: „Meine Misserfolge liegen an mir, sie sind unveränderlich (ich war immer schon so und werde mit Sicherheit so bleiben) und ich werde in allen Situationen Misserfolge haben. Dagegen kann ich nichts machen, ich bin handlungsunfähig." Dieser Attributionsstil zeichnet sich durch eine zweifache Beziehung zum sehr niedrigen Selbstwertgefühl der betroffenen Person. Die Minderwertigkeit (geringes Selbstwertgefühl) ist die Ausgangsbasis, sie wird zugleich durch jeden Misserfolg verstärkt.

## 3.4  Attributionsfehler

Bei der Suche nach „Ursachen und Gründen" von Ereignissen passieren oft Wahrnehmungsverzerrungen, die man „Attributionsfehler" beziehungsweise *Attributions-Biases*. nennt. In der Regel wurde beobachtet, dass Menschen bei ihrer Suche nach Ursachen von Ereignissen, Erfolgen und Misserfolgen etc. die dispositionalen Faktoren überschätzen und die externalen, d. h. z. B. situativen Faktoren unterschätzen (Ross 1977). Spätere Studien zeigen jedoch, dass die teilnehmenden Versuchspersonen ihre Erklärungen im sozialen Kontext suchten (Gawronski 2004), insbesondere dann, wenn sie instruiert wurden, auf die Situation zu achten, weniger auf die Handelnden. Wahrscheinlich ist jedoch die Erkenntnis richtig, dass Attributions-Biases multidimensional sind, das heißt, dass sie aus verschiedenen Prozessen resultieren. In den klassischen Konzepten wird jedoch angenommen, dass die dispositionalen Zuschreibungen üblicherweise eine Priorität haben.

▶ Beispiel

Ein gängiges Beispiel für die Verzerrung (Attributions-Bias) ist eine Situation, in der sich das Mädchen Paula mit Hans verabredet, der aber nicht zur Verabredung kommt. Es gibt zwei Möglichkeiten: Hans wurde verhindert, weil seine U-Bahnlinie an dem Tag nicht fuhr oder weil seine Mutter krank war oder seine Sitzung im Unternehmen länger als geplant dauerte. Es konnte also an den äußeren Umständen und den situativen Faktoren gelegen haben, dass er nicht kam. Es kann aber auch sein, dass er das Treffen völlig vergaß, oder dass er das Datum oder den Ort des Treffens verwechselte. Er konnte Paula jedoch auch Sitzen gelassen haben, weil er etwas anderes Interessanteres unternommen hat. ◄

Zu welcher Zuschreibung (Attribuierung) tendiert Paula? Die erste Möglichkeit wäre eine *situationale Attribuierung* (sie betrifft die Umstände, die das Kommen verhinderten), die zweite eine *dispositionale Attribuierung*. Diese kann sie selbst betreffen (sie ist für Hans nicht mehr attraktiv): Paula ist hier die Handelnde. Oder die Attribuierung betrifft die Person von Hans, der nicht kam. In diesem Falle ist Paula die Beobachterin. In der Attributionsforschung werden die Rollen von **Beobachtenden und Agierenden** (Handelnden) durchaus unterschieden. Paula ist in unserem Beispiel sowohl eine Agierende als auch Beobachtende. Die Attribution der Ursachen ihres eigenen Verhaltens würde man *Selbstattribution* nennen. Ihre Rolle als Beobachterin interessiert sofern, als dass man ergründen möchte, zu welchen Schlussfolgerungen hinsichtlich des Verhaltens von Hans sie kommt.

Die Neigung, Personen die Ursachen zuzuschreiben (Hans ist schuld), nennt sich **fundamentaler Attributionsfehler** (Ross 1977). Die dispositionalen Faktoren werden überbewertet und gleichzeitig werden die situationalen Faktoren (Hans konnte nicht: wegen langer Sitzung, kranker Mutter, verspäteter U-Bahn etc.) unterbewertet.

Wie empirische Studien zeigen, attribuieren Beobachtende das Verhalten der Agierenden auch dann eher dispositional, wenn auf die Agierenden Druck ausgeübt wird.

Ein wichtiger Begriff, der mit dem fundamentalen Attributionsfehler zusammenhängt, ist die *Korrespondenzneigung*. Dieser Begriff bedeutet, dass aus dem Verhalten auf eine korrespondierende Disposition geschlossen werden kann. Würde Hans (aus unserem Beispiel) öfter nicht kommen, könnte man sagen, dass er völlig unzuverlässig ist. Die Eigenschaft Unzuverlässigkeit würde aus dem Verhalten abgeleitet werden. Eigenschaftsbegriffe wie zuverlässig, pflichtbewusst, tolerant oder aggressiv werden sowohl zur Beschreibung von Handlungen als auch zur Beschreibung von Persönlichkeitsmerkmalen, d. h. Dispositionen verwendet. Somit gilt die **Korrespondenzneigung** als eine Voraussetzung des *Attributionsprozesse.*

Die Neigung zur dispositionalen Attribution richtet sich – wie schon angemerkt – jedoch auch an den Umständen. Unser Beispiel mit Hans und Paula ist nicht an allen Stellen typisch. Zunächst denkt Paula offenbar in externalen Begriffen (Umstände), erst danach gibt sie Paul die Schuld. Drittens denkt Paula über sich nach, sie findet die mögliche Schuld bei sich selber: Sie sei nicht mehr attraktiv für Hans. Im Alltagsleben sind Menschen geneigt, **eher der handelnden Person** als den Umständen die Schuld zu geben.

Aber wenn es *um positive Ereignisse* und Ergebnisse geht (Erfolge, gute Taten, Gewinne), tendieren die meisten Menschen dazu, diese Ereignisse oder Ergebnisse sich selbst zuzuschreiben. Gerade auch diese Tendenzen konstituieren den **Attributionsfehler** (Ross 1977).

**3**

> ► **Beispiel**
>
> Ein Beispiel eines Studenten – er heißt Hugo – kann es verdeutlichen. Hugo schrieb in dieser Woche zwei Klausuren, eine in der Statistik und die andere in der Psychologischen Diagnostik. Hugo hat die Statistikklausur sehr gut geschafft, ihm passierte nur ein Minimalfehler. Hugo erzählt, dass er viel gelernt hat und dass er die Mathe, d. h. auch Statistik, besonders mag. Ganz anders war das mit der Diagnostikklausur. Hugo hat versagt. Doch er ist überzeugt, dass es nicht an ihm lag: die Fragen waren total blöd und konnten gar nicht beantwortet werden. Außerdem kamen Themen vor, die in den Seminaren niemals behandelt wurden. ◄

Dieses Phänomen, dass sich Menschen selbst die Erfolge zuschreiben, was **Self-Serving Attributional Bias** genannt wird; das ist so etwas wie ein *Selbstbedienungsfehler bei der Attribution*. Bei Misserfolgen oder *negativen Ereignissen* tendieren sie aber dazu, sie den anderen Menschen „in die Schuhe zu schieben". Lau und Russel (1980) analysierten Nachrichten, in denen über sportliche Ereignisse berichtet wurde. Die gewinnenden Mannschaften schrieben sich die Siege in 80 % der Fälle zu. Das heißt: nur in 20 % waren es nach Meinung der Mannschaften äußere Umstände, z. B. Glück, die zum Sieg beigetragen haben. Die besiegten Teams gaben sich zu 53 % selbst die Schuld für die verlorenen Spiele; in 47 % meinten sie jedoch, dass das verlorene Spiel den äußeren Umständen geschuldet war.

Um die „fundamentalen Attributionsfehler" zu vermeiden, empfehlen Wissenschaftlerinnen und Wissenschaftler, die Umstände und situative Faktoren *ehrlich und transparent* zu untersuchen (Zimbardo und Gerrig 1996).

Es scheint, dass die Tendenz zur Überschätzung des Faktors „Person/Persönlichkeit" (also die „dispositionale Attribuierung") gewisse **kulturspezifische Tendenzen** aufweist und in der westlichen Kultur eher vorkommt als in anderen, nichtwestlichen Kulturen (Miller 1984). Dafür sprechen Ergebnisse von Attribuierungsexperimenten, bei denen man einerseits Kinder und Erwachsene, andererseits US-Amerikanerinnen/Amerikaner und Inderinnen/Inder verglich. US-amerikanische und indische Kinder unterschieden sich nicht bis zum achten Lebensjahr in ihren Zuschreibungstendenzen. Ab dem achten Lebensjahr tendierten die US-Amerikanerinnen /US-Amerikaner zu dispositionalen, die Inderinnen/ Inder zu den situationalen Zuschreibungen. Zimbardo und Gerrig (1996) schlussfolgern, dass sich die dispositionalen Biases in der westlichen Gesellschaft schon in der Kindheit (etwa ab dem achten Lebensjahr) herausbilden. Da die Experimente gut 30 Jahre alt sind, wäre es notwendig, zu erforschen, wie sich die Globalisierung auswirkt und inwieweit solche Unterschiede auch gegenwärtig noch feststellbar sind.

Aber teilweise scheint es doch auch heute noch zu stimmen. Woran mag es liegen? Eine Begründung lautet, dass Angehörige westlicher Kulturen *individualistisch* erzogen sind. Sie sind es gewohnt, sich selbst im Kontext persönlicher Ziele, Vorlieben und sozialen Rollen, die sie bekleiden, zu betrachten. Angehörige östlicher Kulturen (z. B. in Japan, Korea) sind generell auf die Gemeinschaft ausgerichtet. Sie sind es gewohnt, ihre Aufmerksamkeit auf ihre Mitmenschen zu richten und ihr Verhalten mit anderen Menschen zu koordinieren (Kitayama et al. 2003). Das schlägt sich auch in der Attribution und im Attributionsfehler nieder.

Im letzten Jahrzehnt wenden sich Sozialpsychologinnen und Sozialpsychologen dem Einfluss der sozialen Schicht auf die Attribuierungstendenzen. Kraus und Kollektiv untersuchten, wie die Angehörigen der einzelnen sozialen Schichten mit Erfolgen (z. B. Erwerb eines Stipendiums) und Misserfolgen (Auftreten von Gesundheitsproblemen) umgehen. Angehörige unterer sozialer Schichten tendierten zur situationalen Attribuierung, während sich diejenigen, die auf der gesellschaftlichen Leiter höher standen, auf dispositionale Erklärungen beriefen (Kraus et al. 2009).

## 3.5 Kovariationsprinzip

Bei vielen Ereignissen lassen sich keine klaren Ursachen von Ereignisse, Erfolgen wie Misserfolgen finden. Aber was passiert in solchen Fällen? Diese Frage wurde von dem US-Sozialpsychologen Harold Kelley (1971) untersucht, der die Arbeiten von Fritz Heider weiterführte. Kelley fand heraus, dass sich Menschen umso mehr um eine Ergründung der Ursachen des Geschehens bemühen, je unsicherer und unklarer das Zustandekommen des Ereignisses ist. Daraus resultierte ein weiteres Ergebnis von Kelleys Arbeit: Menschen sind stets bestrebt, die Unsicherheit zu überwinden! Deshalb aktivieren sie möglichst viele verschiedene Informationsquellen, die zu einer Erklärung führen können. Sie kombinieren sie Informationen aus früheren Erfahrungen mit denen aus gegenwärtigen Vorkommnissen und suchen so nach Erklärungsmöglichkeiten, die sich verallgemeinern lassen. Dieses Phänomen nannte Kelley **Kovariationsprinzip:**

» „Die Regel lautet: Faktor B ist dann eine Ursache für das Verhalten A, wenn dieser Faktor vorgelegen hat, wann immer das Verhalten auftrat, und dann nicht vorgelegen hat, wann immer das Verhalten nicht auftrat" (Zimbardo und Gerrig 1996, S. 427).

Das Kovariationsprinzip ist ein Link zwischen bestimmten Merkmalen einer Situation und entsprechenden Verhaltensantworten.

Eine Determinante der Kovariation ist die *Konsistenz* des Verhaltens. Es ist eigentlich dasselbe, was vorher Stabilität genannt wurde. Man muss fragen: „Tritt das Verhalten immer wieder auf? Oder tritt das Verhalten lediglich in spezifischen Situationen auf?". Das wiederholte Auftreten bedeutet eine hohe Konsistenz, das Auftreten in Ausnahmefällen eine niedrige Konsistenz. Die Konsistenz entscheidet darüber, ob ein *Verhaltensmuster* vorliegt. Nach Kelly (1973) entscheidet es darüber, ob es sich um eine internale oder externale Attribution handelt.

Wenn viele Personen gleiche Verhaltensweisen in einer bestimmten Situation aufweisen, entwickelt sich ein **Konsensus**. Dieser Begriff beschreibt, in welchem Maße andere Personen gleich (oder ähnlich) reagieren. Wenn viele Personen gleich reagieren, ist der Konsensus hoch. Wenn sie sich jedoch nur selten gleich verhalten, ist der Konsensus niedrig. Was weiter oben als die Alternative ‚allgemein versus spezifisch' genannt wurde (Heider 1977), bedeutet bei Kelly (1973) das Maß an **Distinktheit**. Das Beispiel „Ich merke mir keine Zahlen", das für den spezifischen Erklärungsstil verwendet wurde, wäre hier ein Beispiel für eine hohe Distinktheit,

**3**

während die gleiche Reaktion des Individuums in vielen Situationen (z. B. „Ich war immer schon ein Pechvogel, mir misslingt alles!") eine niedrige Distinktheit darstellt. Für die externale Attribution ist das Zusammentreffen einer hohen Distinktheit mit einem hohen Konsensus typisch, während das Zusammentreffen einer niedrigen Distinktheit mit einem niedrigen Konsensus die internale Attribution charakterisiert.

---

▶ **Beispiel Kovariationsprinzip**

Herr Meyer, 57 Jahre alt, Frühinvalide, schimpft über die Flüchtlingspolitik der Bundesregierung, wenn er in seinem Supermarkt den ausländischen Jugendlichen aus der nahen Flüchtlingsunterkunft begegnet. Das ist eigentlich verwunderlich, denn bei privaten Begegnungen äußert es sich nicht. Insgesamt ist Herr Meyer von der Kanzlerin ziemlich begeistert und lobt ihre Politik (auch die Öffnung für Flüchtlinge 2015) als klug. Sein Schimpfen ist situationsspezifisch. Nach Kelley (1973) handelt es sich um eine hohe *Distinktheit*. Entsprechend würde man Herrn Meyers Schimpfen über die Politik der Regierung als eine Reaktion auf die spezifische Situation „Flüchtlinge beim Einkaufen im Supermarkt" bezeichnen.

Herrn Meyers Verhalten wiederholt sich an Samstagen. Da sind nicht nur Geflüchtete beim Einkaufen anwesend, sondern viele andere Kundinnen und Kunden. Es herrscht eine Stresssituation im Supermarkt. Bisher hat man von den anderen Kundinnen und Kunden keine gleichartigen Attacken auf die Regierungspolitik gehört. Meist herrscht eher ein betretenes Schweigen. Offenbar besteht *kein Konsensus* (also keine Übereinstimmung) zwischen Herrn Meyer und der übrigen Kundschaft. Niemand beteiligt sich an Herrn Meyers Ausfällen; das betretene Schweigen signalisiert eher, dass es den Leuten peinlich ist.

Privat (außerhalb der Einkaufsstätte) ist Herr Meyer offensichtlich kein Gegner der Bundesregierung mit ihrer Offenheit gegenüber Geflüchteten. Im Gegenteil: Er findet die Kanzlerin gut und bezeichnet sie als eine herausragende Politikerin. Seine Attribuierung ist also externer Natur: Der wahrgenommene Missstand kann nicht der Person und den Einstellungen von Herrn Meyer zugeschrieben werden, es wird vielmehr auf die externe Situation des Supermarktes und das samstägliche stressige Einkaufen zurückgeführt. ◀

---

❓ **Fragen**

1. Womit befassen sich die Attributionstheorien?
2. Nennen Sie bitte den Namen eines Pioniers der Attributionstheorien und beschreiben Sie, mit welchem Experiment er die Zuschreibung der Ursachen untersuchte.
3. Eine Studentin verabredet sich mit einer Kommilitonin. Diese schreibt ihr kurz vor dem Treffen eine Mail „Sorry, ich kann nicht, ich bin erkältet". Es ist wahrscheinlich, dass es die Studentin nicht ohne weiteres hinnimmt. Sie fragt sich, ob die Kommilitonin tatsächlich erkältet ist, oder ob das nur eine Ausrede ist, weil die Kommilitonin keine Lust hat, sich mit ihr zu treffen. Sie ist traurig, ent-

täuscht. Möglicherweise nimmt sie es der Kommilitonin so übel, dass sie diese in der nächsten Zukunft nicht mehr wegen einer gemeinsamen Unternehmung ansprechen wird. Sie entwickelt negative Emotionen, die sich auf ihr künftiges Verhalten auswirken.

a. Wie heißt dieser Mechanismus der Erklärungssuche?

b. Welcher Art der Attribution bedient sich die Studentin?

4. Bei der Suche nach Ursachen von Handlungen und Ereignissen passieren Fehler und Verzerrungen. Wie werden diese in der Sozialpsychologie genannt?

5. Uwe aus der Abteilung Produktion bewarb sich um die Aufnahme in das betriebliche Basketballteam. Dieses Team ist leistungsstark und sehr erfolgreich in der überregionalen Basketball-Liga des Betriebssports. Das Team kümmert sich um den eigenen Nachwuchs, kann aber jeweils nur wenige Sportler in die Wettbewerbsmannschaft aufnehmen. Die Aufnahme folgt einem mehrmonatigen Auswahlverwahren, während dessen die potenziellen Spitzenspieler beobachtet, ja regelrecht geprüft werden. Uwe rechnet sich sehr gute Aussichten aus. Er ist ein überdurchschnittlicher Läufer und ein aggressiver Spieler, der überdurchschnittlich oft punktet. Das machte ihn letztlich sogar ein wenig überheblich. Jedenfalls fehlte er einige Male bei den Trainings. Aber er meint, dass es bestimmt niemanden aufgefallen ist. Jedenfalls war während der ganzen Auswahlphase zuversichtlich, dass er aufgenommen wird. Doch es kam anders. Am Montag bekam Uwe die Mitteilung, dass er diesmal nicht berücksichtigt wird. Man empfiehl ihm weitere Beteiligung in der Nachwuchsmannschaft und viel Trainingsfleiß. Uwe ist außer sich: Welch eine Schmach! Er ist sich überzeugt, dass er Opfer einer Intrige geworden ist. Noch nie kam ein Spieler aus der Produktion weiter. Die Wettbewerbsmannschaft besteht aus Männern der Entwicklungsabteilung, des Marketings und der Verwaltung. Das sind alles Akademiker. Die wollen keine Mitspieler ohne Hochschulabschluss, die wollen uns nicht dabeihaben!

*Welche Attribuierung finden Sie im Uwes Erklärung?*

### ✅ Antworten

1. Die Attributionstheorien sind Denkmodelle, die erklären, wie Menschen die Ursachen von sozialen Ereignissen und individuellen Handlungen ihrer Mitmenschen ergründen wollen. Diese Theorien erklären die Regeln, an denen sich Menschen orientieren, wenn sie nach Ursachen für Vorkommnisse oder Handlungen anderer Personen suchen. Die Attributionstheorien erklären auch die Auswirkung der Ursachensuche und -zuschreibung auf das Denken, die emotionale Befindlichkeit und das Verhalten jedes einzelnen Menschen.

2. Fritz **Heider** (1896–1988), ein Wiener Gestaltpsychologe. Heider verwendete filmische Sequenzen mit geometrischen Figuren. Diese wurden von den beteiligten Versuchspersonen als „Männchen" wahrgenommen. Die Männchen ersetzten handelte Personen. Heider registrierte, bei wem die Versuchspersonen die Ursache des Ereignisses gefunden haben. Er fragte konkret, wem sie das

Zustandekommen des jeweiligen Ereignisses zuschreiben. Wurde die Ursache dem Männchen und seinem Verhalten zuschrieben, heiß es bei Heider die internale oder dispositionale Verursachung. Wenn die Zielpersonen die Ursache in der Situation sahen, hieß es die externale oder situationale Verursachung.

3. a. Es handelt sich um die Kausalattribution.
   b. Die Studentin bedient sich der internalen, dispositionalen Attribution. Sie fürchtet, dass es an ihr liegt, dass sie für ihre Freundin eine unattraktive Verabredungspartnerin darstellt. Aber auch wenn wir die Perspektive wenden und die Freundin fokussieren, stellen wir fest, dass es sich um die internale, dispositionale Attribution handelt. Ihr wird unterstellt, dass sie Ausreden hat, um nicht kommen zu müssen. Eine Krankheit – die sozusagen durch die höhere Gewalt verursacht ist (externale Ursache) – wird ihr nicht zugestanden.

4. Es sind „Fundamentale Attributionsfehler".

5. Uwes Erklärung ist eine situationale Attribuierung. Er gibt den Umständen die Schuld (Er betrachtet sich als Opfer einer Intrige). Er zieht seine „Schuld" (wiederholtes Fehlen bei den Trainings) gar nicht in Betracht.

## Zusammenfassung und Fazit

Die Suche danach, warum bestimmte Ereignisse passieren und wie es kommt, dass ich diesmal erfolgreich war, wobei ich allerdings letztes Mal nur einen Misserfolg einfuhr, oder warum mein Freund so handelt, wie er es gerade tut – das alles sind sehr spannende Fragen. Mit ihnen befassen sich die Attributionstheorien. Von den Attributionstheorien handelt dieses Kapitel. Der Begriff Attribution (Attribuierung) bedeutet Zuschreibung. Wem und wie werden die Ursachen von Ereignissen zugeschrieben? Wird die Ursache einer agierenden Person zugeschrieben, so geht es um die internale (dispositionale) Attribuierung. Wird die Ursache bestimmten externen Bedingungen und Barrieren zugeschrieben, ist es die externale Attribuierung. Im Verlauf des Lebens entscheidet sich, welche Art der Attribuierung bei einem Individuum überwiegt, das heißt, welchen individuellen Attributionsstil es entwickelt. Der Attributionsstil basiert darauf, dass wir unsere früheren Erfahrungen mit neuen Informationen kombinieren. Grundsätzlich sind Menschen bestrebt, die Zuschreibungen (Attribute) zu verallgemeinern. Dabei passiert der sogenannte fundamentale Attributionsfehler. Das ist die Tendenz der Menschen, die Ursachen tendenziell bei den Menschen, nicht in den Umständen zu finden. Forschende fanden heraus, dass die Tendenzen kulturspezifische Unterschiede aufweisen und dass auch schichtenspezifische Attribuierungsdifferenzen existieren. Je unklarer die Ursachen sind, desto intensiver bemühen sich Menschen, diese doch zu finden und zu entschlüsseln. Der Forscher H.H. Kelley (1973) stellt fest, dass Menschen stets bestrebt sind, die Unsicherheit und Unklarheit zu überwinden. Deshalb ziehen sie verschiedene Erklärungsmöglichkeiten in Betracht, um diejenige Kausalität zu identifizieren, die sich verallgemeinern lässt. Das wurde von Kelley der „Kovariationsprinzip" benannt. Dieses Prinzip hängt von verschiedenen Faktoren ab, besonders von der Verhaltenskonsistenz der handelnden Person und von der Übereinstimmung ihres Verhaltens sogar in sehr unterschiedlichen Situationen.

# Literatur

Abramson, L.Y.; Seligman, M.E.P.; Teasdale, J.D. (1978): Learned Helplessness in Humans: Critique and Reformulation. In: *Journal of Abnormal Psychology.* Vol. 87, No. 1, 1978, S. 49–74.

Buchanan, G. M., & Seligman, M. E. P. (Eds.). (1995): *Explanatory style*. Mahwah, NJ: Lawrence Erlbaum Associates, Inc.

Gawronski, B. (2004): Theory-based bias correction in dispositional inference: The fundamental attribution error is dead, long live the correspondence bias. *European review of Social Psychology*, 15, 1, 183–217, DOI: 10. 1080/10463280440000026.

Gilovich, T.; Keltner, D.; Chen, S. & Nisbett, R.E. (2016): *Social Psychology*. New York, London: W. W. Norton & Company, Fourth Edition.

Heider, F. (1977): *Psychologie der interpersonalen Beziehungen*. Stuttgart: Klett Verlag.

Kelley, H. H. (1971): *Attribution: Perceiving the Causes of Behavior*. New York: General Learning Press.

Kelley, H. H. (1973): Process of Causal Attribution. *American Psychologist*, 28, 107–128.

Kitayama, S., Duffy, S. M., Kawamura, T., & Larsen, J. T. (2003). Perceiving an object and its context in different cultures: A cultural look at new look. *Psychological Science*, 14, 102–206.

Kraus, M.W.; Pfiff, P.K. & Keltner, D. (2009): Social Class, Sense of Control, and Social Explanation. *Journal of Personality and Social Psychology*, 97, 992 – 1004.

Lau, R.R. & Russel, D. (1980): Attribution in Sport Pages: A Field Test of Some Current Hypotheses about Attribution Research. *Journal of Personality and Social Psychology*, 39, 29 – 38.

*Miller, J. G. (1984):* Culture and the development of everyday social explanation. *Journal of Personality and Social Psychology. 46 (5): 961–978.* doi:https://doi.org/10.1037/0022-3514.46.5.961. PMID 6737211*, PDF.*

Ross, L. (1977): The intuitive psychologist and his shortcomings. Distortions in the Attribution Process. In Berkowitz, L. (Hrsg.), *Advances in experimental social psychology* (S. 173–220), New York, Academic Press, Vol. 10.

Rotter, J.B. (1975): Some problems and misconceptions related to the construct of internal versus external control of reinforcement. In: *Journal of Consulting and Clinical Psychology.* 43, S. 56–67.

Seligman, M.E.P. (1975): *Helplessness. On Depression, Development and Death*. Freeman and Comp, San Francisco.

Seligman, M.E.P. (1979): *Erlernte Hilflosigkeit*. Urban & Schwarzenberg, München/ Wien/ Baltimore.

Weiner, B. (1994): *Motivationspsychologie*. Weinheim: Beltz.

Zimbardo, P. G. & Gerrig, R. J. (1996): *Psychologie*. Bearbeitet und herausgegeben von S. Hoppe-Graff und I. Engel (7., neu übersetzte und bearbeitete Auflage). Berlin, Heidelberg, New York: Springer (Springer Lehrbuch).

# Soziale Kategorisierung, Stereotype und Vorurteile

## Wie sich Menschen in der sozialen Umwelt zurechtfinden

## Inhaltsverzeichnis

Die Ausführungen in diesem Kapitel basieren annähernd auf dem Studienbrief von Garms-Homolová, V. (2017): Wer bin ich, für wen hält man mich und was halte ich von den anderen? Was sind sozialpsychologische Phänomene? Informationsverarbeitung im sozialen Kontext. Studienbrief der Hochschule Fresenius online plus GmbH. Idstein: Hochschule Fresenius online plus GmbH.

© Springer-Verlag GmbH Deutschland, ein Teil von Springer Nature 2021
V. Garms-Homolová, *Sozialpsychologie der Informationsverarbeitung über das Selbst und die Mitmenschen*, Psychologie für Studium und Beruf, https://doi.org/10.1007/978-3-662-62922-2_4

Dieses Kapitel behandelt Stereotype und Vorurteile, also Phänomene, die im Alltagsleben aller Menschen häufig vorkommen. Zunächst wird jedoch die soziale Kategorisierung erläutert, der Prozess, im Zuge dessen Menschen nach ihren Eigenschaften und Merkmalen in verschiedene Gruppen (Kategorien) eingeordnet werden. Allerdings sind solche Kategorisierungsmerkmale nicht immer real vorhanden, sondern werden den Gruppenmitgliedern zugeschrieben. Weil eine Person einer bestimmten Gruppe angehört, nimmt man an, dass sie die für die Gruppe typischen Eigenschaften mit anderen Gruppenmitgliedern teilt. Stereotype Erwartungen, die wir an die Gruppenmitglieder richten, werden fest in unserem Bewusstsein verankert. Bei jeder Begegnung mit einer Person, die einer Kategorie angehört, werden die stereotypen Erwartungen und Meinungen automatisch ausgelöst. Die Betonung liegt auf „automatisch". So geschieht es, dass Menschen zuerst über ihre Mitmenschen urteilen, und erst später genau hinschauen, wie die Mitmenschen sind (Katz und Braly 1933 in Petersen und Six 2008, S. 21). Diese Art von Automatismen bei der Informationsverarbeitung im sozialen Raum bewirkt, dass sich Verhalten, das von Stereotypen geleitet wird, nur schwer verändern lässt.

🔵 **Nach eingehender Lektüre dieses Kapitels können Sie …**

- beschreiben, was soziale Kategorien sind und welche Bedeutung ihnen im sozialen Kontext zukommt,
- verstehen, wie stereotype Muster im menschlichen Bewusstsein entstehen und wie sie im Prozess der Informationsverarbeitung aktiviert werden,
- den Unterschied zwischen Stereotyp, Substereotyp und Vorurteil erläutern,
- verschiedene Formen der automatischen Aktivierung von Stereotypen darstellen,
- die Möglichkeiten und Grenzen der Beeinflussbarkeit des stereotypisierenden Verhaltens aufzeigen.

## 4.1 Soziale Kategorien

Bereits die Kapitel zwei und drei befassten sich mit der Frage, wie ein Mensch zu seinen Urteilen über seine Mitmenschen kommt. Die Sozialpsychologie beschreibt einen weiteren Weg zur derartigen Urteilsbildung. Er führt über die soziale Kategorisierung. Die Menschen werden wegen bestimmter Eigenschaften und Merkmale zu sozialen Kategorien (Gruppen) zusammengefasst. Solche Kategorien haben eine ordnende Funktion – sie helfen die soziale Realität zu strukturieren und auf diese Weise auch zu vereinfachen.

Die Zuordnung oder besser Kategorisierung kann aufgrund verschiedener Merkmale erfolgen, z. B. aufgrund

- einer politischen Gesinnung (die Rechtsradikalen, die Anarchos – für Menschen mit anarchistischen Tendenzen -, die Konservativen),
- des ökonomischen Status (die Besserverdienenden, die Millionäre)

- einer sexuellen Orientierung (die Lesben),
- der demografischen Merkmale (die Alten, die Bildungsbürger),
- der (geografischen) Lokalisierung (die Großstädter, die Slum-Bewohner),

oder aufgrund verschiedener z. B. äußerlicher Merkmale (z. B. der Haarfarbe – die Rothaarigen – und der Hautfarbe – die Schwarzen).

Jeder Mensch gehört zu mehreren sozialen Kategorien. An jede einzelne Kategorie werden von den übrigen Gesellschaftsmitgliedern *kategoriespezifische Erwartungen* gerichtet. Die in den jeweiligen Kategorien zusammengefassten Personen werden vor dem Hintergrund ihrer Kategorienzugehörigkeit wahrgenommen und beurteilt.

Kategorisierung (categorization) ist „die Tendenz, Objekte (einschließlich Menschen) aufgrund gemeinsamer Merkmale in diskrete Gruppen einzuteilen" (Pendry 2014, S. 111).

---

**▶ Beispiel**

Im Alltag und Wirtschaftsleben haben soziale Kategorien eine pragmatische Bedeutung. Marketing- und Werbefachleute bedienen sich der Kategorisierung von Konsumentinnen und Konsumenten. Sie vereinfacht die Kommunikation zwischen Anbietern und potenziellen Käuferinnen und Käufern. Ein Beispiel bietet die Kategorisierung der älteren und alten Konsumentinnen und Konsumenten (vgl. Krieb und Reidl 2001). Die Werbung unterscheidet zwischen „Woopies" (well-off older people), „Selpies" (second life people), „Yollies" (young old leisure people), „Wollies" (well income leisure people) oder „Grampies" (Growing retired active moneyed people in an excellent state) (Krieb und Reidl 2001, S. 78 ff.). In jeder Kategorie sind die Erwartungen präsent, die an diese Gruppe älterer und alter Menschen in ihrer Rolle als Konsumentinnen und Konsumenten gerichtet sind. Von den Woopies erwartet man beispielsweise eine Konsumstärke und die Wollies werden als die Gruppe betrachtet, die vor allem von der Reiseindustrie und Kreuzfahrtenveranstaltern angesprochen werden kann.

Die allseits – z. B. in der Marktpsychologie – diskutierten *Algorithmen*, die aus den Big-Data von Internetfirmen gebildet werden, basieren ebenfalls auf dem Kategorisierungsansatz. Dabei werden die Verhaltensweisen, Einstellungen und Bewegungsmuster empirisch generiert: aus den Spuren, die jede Nutzerin und jeder Nutzer digitaler Dienste hinterlässt, sobald sie oder er diese in Anspruch nimmt. Auch die Algorithmen spiegeln sozialen Erwartungen an die Kategorien wider und können deshalb eine Stereotypisierung und Pauschalisierung zur Folge haben. ◀

---

Wir nehmen an, dass alle Mitglieder einer Kategorie ungefähr die gleichen Merkmale, d. h. Verhaltensweisen und Eigenschaften, aufweisen. Das hilft uns zu beurteilen, was wir von den Mitgliedern der jeweiligen Kategorie zu erwarten haben. Die Frage „Was kann ich von anderen Menschen halten?" wird auf diese Weise leichter beantwortet. Doch nur ein Teil der erwarteten Merkmale (Verhaltensweisen, Einstellungen etc.) ist tatsächlich vorhanden. Die anderen werden den Kategoriemitgliedern einfach **zugeschrieben**. So entstehen **stereotype Muster** in unserem Bewusstsein, die aktiviert werden, wenn wir mit den Mitgliedern der fraglichen Kategorie zu interagieren beginnen. Die kognitive Psychologie verwendet den Begriff **kognitive Schemata** für derartige stereotype Muster. Diese umfassen *„vorverarbeitetes Wissen über Objekte oder Menschen bestimmter Kategorien"* sowie *„unsere Erwartungen* im Hinblick darauf, wodurch diese Objekte oder Gruppen definiert werden." (Pendry 2014, S. 110).

Die sozialen Kategorien sind Gruppierungen von zwei oder mehreren Personen, die als ähnlich betrachtet und behandelt werden. Soziale Kategorien haben in sozialen Situationen eine **pragmatische,** d. h. vor allem **vereinfachende** Bedeutung. Sie helfen, soziale Situationen zu strukturieren und die komplexe soziale Realität zu begreifen. Sie haben auch eine ordnende Funktion – weil sie helfen, die Realität zu ordnen, z. B. gesellschaftliche Machthierarchien und Zugehörigkeiten zu erkennen.

Die soziale Kategorisierung impliziert, dass sich die Mitglieder einer Kategorie von den anderen Kategorien unterscheiden. Für die Kategorie „Radfahrerinnen und Radfahrer" stellen wir uns vor, dass sie umweltbewusst und umsichtig sind – ganz anders als die Fahrer von SUVs. Das ist aber nur eine **stereotype Erwartung,** denn viele Radfahrerinnen und Radfahrer haben keine ökologische Gesinnung und sind nicht umsichtig, weil sie sich besonders ruppig im Straßenverkehr verhalten.

Die stereotypen Erwartungen, die sich an Mitglieder einzelner Kategorien richten, werden von diesen oftmals angenommen und gehen in deren *Wissensstrukturen* ein (Klauer 2008, S. 24), nicht nur in die *stereotype Wissensstrukturen der außenstehenden Personen.* Für diese Außenstehenden haben stereotypen Wissensstrukturen deshalb die Funktion von Hilfsmitteln, die genutzt werden, um das Verhalten der Kategoriemitglieder zu verstehen und zu interpretieren. Allerdings erfüllen Kategoriemitglieder sehr häufig weder die an ihr Verhalten gerichteten Erwartungen, noch entsprechen ihre Eigenschaften und ihre Persönlichkeit den stereotypen Wissensstrukturen.

## 4.2 Soziale Stereotype und Vorurteile

Der Begriff **Stereotyp** hat angeblich seinen Ursprung in der Drucktechnik, wo die Bezeichnung für „Stempel" verwendet wurde. In die Sozialwissenschaften wurde dieser Begriff vom Journalisten Walter Lippmann im Zusammenhang mit der öffentlichen Meinung (Public Opinion) eingebracht, über die er ein Buch schrieb. Er zeigte, dass bestimmte Personen ihren Mitmenschen einen Stempel aufdrücken, der diese Menschen kennzeichnen soll. Gut zehn Jahre später wurde der Begriff Stereotyp von Sozialpsychologinnen und Sozialpsychologen adoptiert (Petersen und Six 2008).

Ein Stereotyp wird als ein relativ starrer Eindruck beschrieben, „der nur im geringen Maße mit der Realität übereinstimmt und der dadurch zustande kommt, dass wir zuerst urteilen und dann hinschauen" (Katz und Braly 1933 zit. nach Petersen und Six 2008, S. 21).

Ein Stereotyp ist eine Art verallgemeinernder Beurteilung. Ihr liegen Erwartungen und bestimmte soziale Informationen (z. B. aus früheren Erfahrungen und Überlieferungen) zugrunde, welche helfen, die gegenwärtig beobachtete Realität zu ergänzen und zu klassifizieren, was meistens automatisch erfolgt. Insofern ist die Stereotypisierung eine Konstruktion der Wirklichkeit.

Die Sozialpsychologie versteht unter einem Stereotyp ein übervereinfachtes Bild von Personen, Institutionen oder Ereignissen, das in seinen wesentlichen

Merkmalen von einer großen Zahl von Personen geteilt wird (Stangl 2020b). In gewisser Weise handelt es sich bei den Stereotypen um Einstellungen, die die Aufmerksamkeit auf bestimmte Klassen von Informationen richten und von anderen wegrichten.

Stereotyp (stereotype) ist eine „kognitive Struktur, die unser Wissen, unsere Überzeugungen und Erwartungen über eine soziale Gruppe von Menschen enthält." (Pendry 2014, S. 111).

**4**

Stereotype **müssen nicht negativ** gefärbt sein, sondern sind häufig **positiv** oder erwecken positiv gefärbte Vorstellungen: Zum beispiel, werden den „Großstädtern" eine große Aufgeschlossenheit und Innovationswille zugeschrieben, der Dorfbevölkerung zwar eine konservative Handlung (oft negativ), doch (positiv) die Bewahrung von Traditionen und eine ausgeprägte gegenseitige Hilfsbereitschaft.

Wenn die sozialen Kategorien und mit ihnen einhergehenden stereotypen Deutungen die Realität verfehlen, entstehen **Vorurteile**. Aber Stereotype können nicht mit Vorurteilen gleichgesetzt werden. Sie stellen die **Voraussetzung** dafür dar, dass sich Menschen nicht nur als Individuen begreifen, sondern auch als Mitglieder sozialer Gruppen. Insofern sind soziale Stereotype ein *Teil der sozialen Identität* (Tajfel 1981).

Die Tendenz in Stereotypen zu denken, ist anscheinend eine unerlässliche menschliche Fähigkeit, die es Individuen ermöglicht, sich in der sozialen Umwelt schnell zu orientieren und in der Lage zu sein, sich selbst mit bestimmten Gruppen zu assoziieren und ihre Mitmenschen entweder in dieselbe oder in fremde Gruppen einzuordnen. Gleichzeitig repräsentieren soziale Stereotype die *kulturspezifische kollektiven Identität*, die Individuen im Prozess ihrer Sozialisation annehmen.

Nicht selten wird der Unterschied zwischen einem Stereotyp und einem Vorurteil darin gesehen, dass ein Stereotyp nicht immer negativ sein muss, während ein Vorurteil automatisch eine negative Bewertung enthält. Diese Meinung wird auch von vielen Sozialwissenschaftlerinnen und Sozialwissenschaftlern vertreten. Doch auch bei Vorurteilen ist die Bewertung nicht immer ausschließlich negativ. Sie kann positiv sein. Sehr häufig ist sie ambivalent (widersprüchlich). So wird die Kategorie ‚weibliche Führungskräfte' auch heute noch mit negativen Vorurteilen verbunden. Ein häufig vorkommender lautet *nicht durchsetzungsfähig* (und *kann nicht führen)*. Als die Kanzlerin Merkel vor vielen Jahren in Ihre Funktion gewählt wurde, fragten Viele „Kann sie es überhaupt"? Das Gleiche wiederholte sich, als die CDU eine neue Vorsitzende bekam, die mit der möglichen Anwartschaft auf das Kanzleramt verbunden war. Wiederum wurde die Frage, ob sie überhaupt die nötigen Fähigkeiten besitzt, wochenlang intensiv diskutiert. Diese Art von Fragen nach dem „Können" wurde bei keinem männlichen Bewerber um hohe Ämter in diesem Ausmaß erörtert. Gleichzeitig rufen weibliche Führungskräfte eine positive Stereotypisierung hervor: Sie seien *sozial kompetent*. Ihnen wird Weichheit, Emotionalität, soziales Gewissen zugeschrieben. Erwartet wird, dass sie *Verständnis für die Mitarbeiter und Mitarbeiterinnen* aufbringen.

Vorurteile gab es offensichtlich schon immer. In mehreren Lehrbüchern der Sozialpsychologie wird auf die Gebrüder Grimm verwiesen, die im Deutschen Wörterbuch die Vorurteile als „vorgefasste, irrige Meinungen" definierten. Das war vor rund 180 Jahren (vgl. Petersen und Six 2008, S. 109).

---

**Definition von Vorurteilen, eine Auswahl**

- ▬ Jones (1997) definiert Vorurteile als negative oder positive Haltungen.
- ▬ Nach Allport (1954, S. 2) ist ein Vorurteil eine „ablehnende oder feindselige Haltung gegenüber einer Person, die zu einer Gruppe gehört und deswegen dieselben zu beanstandenden Eigenschaften haben soll, die man der Gruppe zuschreibt" (zit. nach Petersen und Six 2008, S. 109).
- ▬ Zimbardo & Gerrig nennen ein Vorurteil eine „gelernte Einstellung gegenüber einem Zielobjekt, bei der negative Gefühle (Abneigung oder Angst) und negative Annahmen (Stereotype) beteiligt sind, die als Rechtfertigung für die Einstellung dienen. Dazu kommt auf der Verhaltensebene die Neigung, die Mitglieder der Zielgruppe zu kontrollieren oder zu dominieren, zu meiden oder zu eliminieren" (Zimbardo und Gerrig 1996, S. 436).
- ▬ „Ein Vorurteil ist eine ungerechtfertigte und in der Regel negative Einstellung gegenüber einer Gruppe und ihren Mitgliedern. Vorurteile beinhalten also stereotype Überzeugungen, negative Gefühle und die Bereitschaft zu diskriminierendem Verhalten. Ein Vorurteil ist somit eine Einstellung, die einen Menschen prädisponiert, von einer Gruppe oder ihren einzelnen Mitgliedern in günstiger oder ungünstiger Weise zu denken, eine Einstellung, die einen Menschen prädisponiert, wahrzunehmen, zu fühlen und zu handeln". (Stangl 2020a).

## 4.3 Aktivierung von Stereotypen

Die Sozialpsychologie unterscheidet zwischen zwei Arten von Prozessen, mit denen Stereotype oder Vorurteile und nicht zuletzt auch das entsprechende Verhalten aktiviert werden. Diese Prozesse basieren auf der Verarbeitung von Informationen über Menschen oder Objekte (Schmid Mast und Krings 2008).

Einerseits ist die Aktivierung **unbewusst**. Man spricht von einer *automatischen Aktivierung*. Beispiel: Wenn Leute eine Roma-Frau sehen, halten viele von ihnen ihre Handtaschen fest, ohne dass sie es selbst merken. Sie tun es, obwohl sie nicht rassistisch eingestellt sind. Sie können sich irgendwie nicht gegen den vorurteilsbehafteten Impuls wehren.

Die New Yorker Sozialpsychologin Patricia Devine (1989) fand bei ihren Untersuchungen, dass die automatische Aktivierung von Stereotypen und Vorurteilen eine allgemeine Verbreitung hat. Sie konnte keine interindividuellen Unterschiede beim automatischen Auslösen von Stereotypen finden und war überzeugt, dass diese Automatismen nicht unbedingt zu einem diskriminierenden Verhalten führen müssen.

Bei der automatischen Verarbeitung von Informationen hat man es „mit Phänomenen zu tun, bei denen ein Stimulus einen Einfluss auf das beobachtete Verhalten ausübt, ohne dass wir dessen bewusst sind." (Freytag und Fiedler 2007, S. 80).

*Die zweite Art der Aktivierung* ist bewusst oder halbbewusst. Sie basiert auf einer *kontrollierten Verarbeitung* von Informationen. Die kontrollierten und bewussten Verarbeitungsprozesse können die automatisch aktivierten Verarbeitungsprozesse im Nachhinein verändern oder verdrängen. Das geschieht unter kognitiver Beteiligung, das heißt mithilfe von *Wissen* (etwa über die Unrichtigkeit der Stereotype) oder aufgrund einer *primären Erfahrung* aus Begegnungen und Erlebnissen mit Mitgliedern der mit Stereotypen behafteten Gruppe.

| Automatische Aktivierung | Kontrollierte Aktivierung |
|---|---|
| „Ein Prozess, der ohne die Absicht, Aufwand und Bewusstheit auftritt und andere, gleichzeitig ablaufende kognitive Prozesse nicht stört" | „Ein absichtsgeleiteter Prozess, welcher der willentlichen Kontrolle des Individuums unterliegt, aufwändig ist und bewusst abläuft" |

nach Pendry 2014, S. 109

Auch bei der bewusst kontrollierten Aktivierung und späterer Richtigstellung von Stereotypen gab es in Experimenten keine wesentlichen interindividuellen Unterschiede, etwa nach Alter oder Bildung (Devine 1989). Später durchgeführte Untersuchungen zeigten jedoch, dass die automatische Aktivierung von Stereotypen nicht gleichermaßen bei allen Menschen wirksam ist (Schmid Mast und Krings 2008, S. 34). Entscheidend scheint die Beziehung zwischen dem automatischen Verhalten und den Zielen sowie dem Selbstkonzept der Personen zu sein, bei denen die Stereotypen automatisch ausgelöst wurden. Wenn die individuellen Ziele und das Selbstkonzept des Menschen im Widerspruch standen, erfolgte die automatische Aktivierung mit Schwierigkeiten. Häufig war sie nur vorübergehend (Freytag und Fiedler 2007, S. 80). Wenn das Selbstkonzept und die individuellen Ziele im Einklang standen, folgte beinahe immer eine automatische Aktivierung von Stereotypen. Diese hielt auch einer nachträglichen kognitiven Überprüfung stand.

Die Prozesse der Aktivierung – sowohl die automatischen, unbewussten, als auch die kontrollierten und korrigierbaren beziehungsweise korrigierenden – werden in den nachfolgenden Punkten erläutert.

### ▶ Beispiel

Vorgestern kam Marie, 14 Jahre alt, gerade aus S. (einer Stadt an der Ostsee) zurück nach Hause. In der letzten Ferienwoche besuchte sie dort ihre Freundin Tess, die vor rund fünf Monaten mit den Eltern dorthin umgezogen ist. Es war eine schöne Woche, viele Ausflüge und Events – aber trotzdem, Marie ist irgendwie bedrückt. „Wie war es mit deiner Freundin? War es nicht schön, dass ihr euch nach so langer Zeit wiedersehen konntet?" Nach einer Weile gibt Marie zu, dass sie doch etwas gestört hatte: „Tess hat sich völlig verändert. Die Klamotten und die ganze Aufmachung – genauso, wie die Mädchen dort. Die Haare! Das hätte sie hier nie so getragen, so wäre sie nie aus dem Haus gegangen! Das hat sie immer verurteilt! Sie redet sogar so, wie die dort", klagt Marie und es scheint, dass ihr die Freundin irgendwie fremd geworden ist. „Warum tut sie das? Die schmeißt sich regelrecht an die dortigen Mädchen ran! Die schleimt sich ein! Warum hat sie sich denen so angepasst? Oder tat sie es nur, um mich zu ärgern? Um anzugeben?"

Marie weiß nicht, dass sie ungefähr die gleichen Fragen stellt, die auch schon vor ihr viele Forscherinnen und Forscher gestellt haben. Ähnlich, wie es diese Wissenschaftlerinnen und Wissenschaftler ursprünglich getan haben, nimmt Marie an, dass das Verhalten von Tess eine willentliche, kognitiv gesteuerte Verhaltensweise und ein zielgerichtetes Handeln ist (Chartrand und Bargh 1999). Seit den 1990er-Jahren wissen Psychologinnen und Psychologen jedoch, dass eine Verbindung zwischen der Wahrnehmung und dem Verhalten existiert, die sich in **einer überwiegend unbewussten Nachahmung** äußert. ◀

Diese weitgehend unbewusste Nachahmung hat verschiedene Formen:
- Meistens wird beobachtet, dass ein Individuum die *Normen und Werte* seiner gegenwärtigen *sozialen Umgebung* annimmt. So beispielsweise kann eine konservative Studentin, die einen konservativen Familienhintergrund hat und niemals durch liberale oder linksgerichtete Gesinnung aufgefallen war, eine linke Ansicht annehmen, sobald sie in eine liberale oder linksorientierte Hochschule und Gruppe von Studierenden eintritt.
- Beim *Wechsel* der sozialen Bezugsgruppe wurde beobachtet, dass – wie im Fall von Tess – die Menschen die Ausdrucksweise und/oder die *Sitten und den Lebensstil* ihres *neuen sozialen Kontexts* übernehmen. Bei deutschen Jugendlichen, die mit hochdeutscher Sprache aufgewachsen sind, konnte gelegentlich beobachtet werden, dass sie begannen, das Kiezdeutsch anzunehmen, wenn sie sich in einem vorwiegend zweisprachigen Kiez-Milieu (etwa in Berlin-Neukölln) aufgehalten haben.
- *Übernahme von nonverbalen, paraverbalen und verbalen Äußerungen:* In Seminaren oder Gruppendiskussionen kann man oft feststellen, dass die anwesenden Teilnehmerinnen und Teilnehmer nach und nach die Gesten der Vortragenden oder des Vortragendens übernehmen: Finger heben, Arme kreuzen usw. Das Gleiche passiert mit der Sprache: Wenn eine Rednerin oder ein Redner irgendeine sprachliche „Unart" praktiziert (etwa ein inflationäres Wiederholen der Formulierung „sozusagen"), übernehmen die nachfolgende Rednerin oder der Redner in ihren Beiträgen automatisch diese Unart. Daraus resultieren manchmal Konferenzen, die absolut von diesen verbalen Füllwörtern dominiert sind.

Diese Phänomene treten sowohl bei langer Zugehörigkeit zu einer sozialen Bezugsgruppe (oder zu einer Dyade) auf, als auch in kurzzeitig bestehenden Gruppen. Unser Beispiel für die *langlebige Zugehörigkeit* stellen Ehepaare dar, die sich mit den Jahren der Ehe so angeglichen haben, dass sie fast identisch sind. Sie verwenden die gleichen Formulierungen und gleichen Gesten und sehen sich nach all den Jahren verblüffend ähnlich aus, weil sie in der gleichen Weise die Stirn runzeln und den Mund verziehen, so dass sie sogar die gleichen Falten haben. Das Beispiel für die *kurzlebige Gruppe* sind etwa die Teilnehmerinnen und Teilnehmer eines Seminars in der Uni. Eindeutig zeigt es sich in Analysen, dass die Menge der Kontakte und deren Dauer diese Angleichungseffekte beeinflussen (Freytag und Fiedler 2007).

Für die beschriebenen Phänomene werden je nach Konzept die folgenden Begriffe verwendet:

- **Imitation** (Nachbildung, Fälschung, Abklatsch) (Tomasello et al. 1993).
- **Mimikry** (Nachmachen, Nachbilden) entweder verbal oder durch Gesten und den Gesichtsausdruck – ein Verhalten, das wahrscheinlich als ein *evolutionärer Vorteil* entstanden ist und allgemein als sozial angemessen empfunden wird (Chartrand und Dalton 2009).
- **Chamäleon-Effekt.** So wird der Mechanismus bezeichnet, der sich hinter dem Nachmachen verbirgt, und der dafür sorgt, dass die soziale Interaktion „geschmeidiger" abläuft. Dieser Mechanismus ist die Voraussetzung des Empathie-Entstehens (Chartrand und Bargh 1999). Der Chamäleon-Effekt besagt, dass die soziale Wahrnehmung *stets einen Einfluss auf das (soziale) Verhalten* ausübt und zur Aktivierung des Verhaltens führt. Dieser Prozess läuft *automatisch, ohne eine bewusste Kontrolle* oder Planung, ab. Das Verhalten, das auf die soziale Wahrnehmung folgt, ist spontan und ungeplant. Wechselt der soziale Kontext, kann sich die Interpretation des Wahrgenommenen ändern und zum veränderten Verhalten führen. *Das resultierende Verhalten passt sich auf die aktuelle Situation an.* Wechseln Menschen ihre sozialen Bezugsgruppe, übernehmen sie die Stereotype und Vorurteile *ihrer neuen Gruppe automatisch* (vgl. Chartrand und Bargh 1999, S. 894 ff.).
- **Priming**: Der Begriff Priming kommt aus dem Englischen und hat viele Bedeutungen. In der Sozialpsychologie bezeichnet er *eine unbewusste Aktivierung von Verhalten*, das im Einklang mit sozialen Konstrukten und/oder Stereotypen steht (Bargh et al. 1996). In der Beschreibung von Priming-Experimenten wird das Verb „to prime" als „scharf machen", „schärfen" verwendet, um zu beschreiben, wie man die Versuchsteilnehmerinnen und Versuchsteilnehmer dazu bringt, dass bei ihnen die Automatismen des Verhaltens ausgelöst werden. „Ein Prime ist ein Stimulus" (Gilovich et al. 2016, S. 131). Priming bedeutet „die Aktivierung einer Information, die für die Aktivierung eines Konzepts benötigt wird und die dieses Konzept zugänglich macht." (Gilovich et al. 2016, S. 131).

> ▶ **Beispiel**

Unter Sozialpsychologinnen und Sozialpsychologen ist ein Experiment mit alten Menschen sehr bekannt (Bargh et al. 1996). Im Zentrum standen Stereotype, die sich auf alte Menschen und auf die Merkmale ihres Verhaltens beziehen. Die erste Phase des Experiments – sogenannte Priming-Phase – bestand darin, dass die Studierenden aus Listen mit jeweils fünf Wörtern (z. B. Falten, Grau, Bingo etc.), die in einer beliebigen Reihenfolge aufgeführt waren, möglichst schnell grammatikalisch korrekte Sätze mit nur vier Wörtern bilden sollten. Diese Aufgabe diente zur Aktivierung von Vorurteilen, Denn die Stichworte auf der Liste kamen und kommen in altersbezogenen Stereotypen vor. Bemerkenswerter Weise kam jedoch das Merkmal „Langsamkeit", das später im Experiment eine große Rolle spielen sollte, in der Priming-Phase nicht vor. Den Studierenden wurde erklärt, dass sie an einem sprachlichen Experiment teilnehmen. Eine Kontrollgruppe der Studie hatte eine ähnliche Aufgabe: Sie bildete Priming-Sätze aus altersneutralen Merkmalen.

Nachdem diese Phase abgeschlossen war, verließen die teilnehmenden Studierenden den Untersuchungsraum. Die Forschenden maßen dabei die Gehgeschwindigkeit. Es zeigte sich, dass die Interventionsgruppe (also Studierende, die mit den stereotypbehafteten Wörtern gearbeitet hatten) signifikant langsamer gingen als Mitglieder der Kontrollgruppe. Bei ihnen wurde das stereotype Muster des Verhaltens alter Menschen aktiviert und – siehe da – sie übernahmen dieses Verhalten.

Dieses Experiment gehörte zu einer ganzen Reihe von Experimenten, welche die Annahmen der Forschenden unterstützten, dass eine Verhaltensreaktion auf die soziale Umwelt kaum der bewussten Kontrolle unterliegt. Insbesondere ist das der Fall, wenn die auslösende Reaktion schon in der sozialen Umwelt angelegt ist: z. B. *Alter ist mit Verlangsamung verbunden.* Allerdings muss auch eine innere Repräsentanz existieren. Die Studierenden verlangsamten ihre Gangweise nur dann, wenn ihr Altersbild das Verhaltensmerkmal Langsamkeit beinhaltete.

Die Experimente von Bargh et al. (1996) sind ,sozialpsychologische Klassiker'. Sie sind Bestandteil der Priming-Lehre. Allerdings wurden seit den 1990er viele Experimente durchgeführt, welche die Evidenz der Hypothesen von Bargh et al. (1996) abschwächen. ◄

Viele Wissenschaftlerinnen und Wissenschaftler entwickelten Erklärungsversuche und Theoreme für die automatische Aktivierung bestimmter Verhaltensweisen. Grundsätzlich besteht eine Einigkeit darüber, dass die Aktivierung *unbewusst oder halbbewusst* zustande kommt. So wurde bereits Ende des 19. Jahrhunderts angenommen, dass ein bloßes Nachdenken über das Verhalten anderer Menschen die Tendenz unterstützt, dieses Verhalten zu übernehmen und nachzuahmen. Eine konkrete Begegnung mit den Menschen, dessen Verhalten man nachahmte, war nicht erforderlich. Dieses Phänomen wurde *„ideomotorisches Handeln"* bezeichnet (vgl. James 1890 zitiert nach Chartrand und Bargh 1999, S. 893).

Aber das nachahmende Verhalten kann ebenso gut das *Ergebnis von Wahrnehmung und Beobachtung* sein. Der Aggressionsforscher Leonard Berkowitz (1993) betrachtete den Einfluss von Massenmedien auf die Gewaltbereitschaft von Zuschauerinnen und Zuschauern aus dieser Perspektive. Die Darstellung der Gewalt im Fernsehen führe – so hat Berkowitz in seinen Experimenten nachgewiesen – automatisch dazu, dass die Zuschauer zur Gewalt neigen. Bei der Überprüfung der Untersuchungen von Berkowitz fanden andere Forschende heraus, dass Menschen, die selbst schon Feindschaft und Aggression erlebten, mit einer höheren Wahrscheinlichkeit dazu neigen, in ihrem Verhalten die Gewaltdarstellung zu replizieren (Carver et al. 1983).

## 4.4 Beeinflussung des stereotypisierenden Verhaltens und Abbau von Vorurteilen

Forscherinnen und Forscher untersuchten seit längerer Zeit die Frage, ob man die oben dargestellten Automatismen durchbrechen kann. Sie fragten, ob sich das stereotypisierende Verhalten verändern lässt, und wollten erfahren, was passieren

**4**

würde, wenn man die Wahrnehmung, die zur Übernahme des Verhaltens einer Person führt, manipulieren würde. Ein Ansatz war die Anwendung der sogenannten *subliminalen Reize*, also Stimuli, die *unter der Wahrnehmungsschwelle* wirken.

In diese Kategorie der Experimente gehören die von Dijksterhuis und Van Knippenberg (1998) durchgeführten Untersuchungen. Die Forschenden baten Experimentteilnehmende, an bestimmte Berufsgruppen, z. B. Professoren und Sekretärinnen zu denken oder sie zu beschreiben, wobei in einem der Experimente den Studierenden Worte und Formulierungen vorgesetzt wurden, die einerseits in Stereotypen über Professoren und andererseits in Stereotypen über Supermodels vorkommen. Danach sollten die Studierenden an einem Kenntnistest teilnehmen. Es zeigte sich, dass Studierende, welche vorher die Eigenschaften von Professoren vorgesetzt bekommen hatten, im Test besser abschnitten als diejenigen Studierenden, denen die stereotypen Eigenschaften der Supermodels vorgesetzt wurden.

Im nachfolgenden Experiment wurde „personalisiert": Statt allgemein von Professoren zu sprechen, wurde den Studenten Albert Einstein präsentiert. Die Repräsentantin der Supermodels war Claudia Schiffer (ein damals populäres Modell). Und siehe da, das Ergebnis zeigte genau in die umgekehrte Richtung: Die „Einstein-Gruppe" erzielte schlechtere Testresultate als die „Schiffer-Gruppe"! (Dijksterhuis et al. 1998). Die Forschenden urteilten, dass die Testpersonen ihr eigenes Kennen mit den Stereotypen verglichen, wobei sie der allgemeinen Tendenz folgten, die eigene Intelligenz zu überschätzen. Diese Tendenz war wirksam, so lange es die Testpersonen mit ‚den Professoren ganz allgemein' zu tun hatten. Aber als es konkreter wurde, ging es nicht mehr. Einstein gilt als Genius. Er wurde von den Studierenden überschätzt. Die Studierenden hielten sich deshalb eher an Claudia Schiffer, ein Modell, zumal das allgemein verbreitete stereotype Glauben besagt, dass Modells zwar schön, aber häufig dumm sind.

Mit diesem Experiment gelang es den Autorinnen und Autoren zu zeigen, dass die kategorisierende Aktivierung sogar das Verhalten beeinflusst. Und vielmehr noch: Auch die Überzeugung vom eigenen Kennen, eigene Ziele und Verhaltensmuster, werden involviert. Im Grunde bedarf es dieser Verbindung mit den individuellen Zielen und Verhaltensmustern, wenn das konkrete Verhalten aktiviert werden soll. Ein Beispiel dafür ist das langsame Gehen in dem Experiment von Bargh et al. (1996). Die Auflösung dieser Triade ‚Selbstbild-Ziele-Verhaltensmuster' kann zur Aktivierung aber auch *zur Verhinderung* vom stereotypisierenden Verhaltensweisen führen.

▶ **Beispiel**

In der letzten Zeit viel über die Polizeigewalt gegen Afroamerikaner in den USA berichtet. Die Polizei scheint zu drastischeren Maßnahmen, z. B. zur Waffe, zu greifen, wenn die Verdächtigen dunkle Hautfarbe haben. Bei Polizeikontrollen wurden wiederholte Male (vermutlich unbewaffnete) Afroamerikaner erschossen. Die Rechtfertigung der Polizeibeamten lautete, dass diese Männer etwas in der Hand hielten, was die Polizisten als eine Schusswaffe ansahen, so dass sie sich akut bedroht fühlten.

Dieses Phänomen der Aktivierung von Rassenstereotypen bei der praktischen Polizeiarbeit wurde bereits vor Jahren experimentell erforscht (Correll et al. 2002). Versuchspersonen erhielten die Aufgabe, Angriffe von bewaffneten Menschen zu verhindern. Ihnen wurden am Computer Fotos von Männern präsentiert, die entweder eine Waffe, ein Mobiltelefon oder einen Fotoapparat in der Hand hielten. Teilweise waren weiße Männer, teilweise schwarze Afroamerikaner abgebildet. Die Versuchspersonen sollten die Taste „schießen" drücken, sobald sie erkannten, dass der Mann eine Waffe hielt. Auf unbewaffnete Männer sollte auf keinen Fall geschossen werden. Die Situation des Experiments war an die Realität der Polizeiarbeit angepasst. Diese findet oft in Dunkelheit oder bei unzureichender Beleuchtung und unter erheblichem Zeitdruck statt. Das Ergebnis zeigte, dass die Hautfarbe der Männer einen signifikanten Einfluss auf die Häufigkeit des Schießens hatte. Es wurde öfter auf die schwarzen Unbewaffneten geschossen, als auf die weißen Unbewaffneten. Die Forscherinnen und Forscher schlussfolgerten, dass der Zeitdruck das Aktivieren des kognitiven Korrektivs verhinderte (Schmid Mast und Krings 2008, S. 35). Das Verhalten geschah also überwiegend *automatisch auf der Grundlage der vorhandenen Stereotype.* ◄

Dieses und weitere Experimente zeigen, wie schwierig es ist, die automatisch gesteuerte Informationsverarbeitung und Aktivierung von Stereotypen zu korrigieren und deren Einfluss auf das Verhalten zu durchbrechen, wenn sich einmal bestimmte Stereotype etabliert hatten. Aber kann man unter diesen Umständen die automatische Aktivierung von Stereotypen überhaupt vermeiden? Lässt sich die Umsetzung von Stereotypen in konkretes Verhalten verhindern?

## 4.4.1 Kognitive Ablenkung

Ein verbreiteter Glaube besagt, dass eine starke Belastung und Handeln unter Stress Menschen zur unkontrollierten Stereotypisierung verleiten, weil sie nicht in der Lage sind, sich ihre Äußerungen zu überlegen: „Ihr rutschte es bloß so aus!" wird dann argumentiert. Experimente zeigen jedoch, dass diese Entschuldigung fragwürdig ist. Forschende bewiesen, dass Personen, die von kognitiven Aufgaben aktuell stark beansprucht sind, offenbar kaum Stereotype aktivieren (Schmid Mast und Krings 2008). Daraus ergab sich die Feststellung, dass man möglicherweise sogar für eine **kognitive Ablenkung** sorgen müsste, um stereotype Äußerungen und Verhaltensweise zu verhindern. Dabei wird offensichtlich zwischen der Aktivierung von kategorisierenden (und verbalen) Stereotypen und deren Umsetzung in Handlungen unterschieden. Sobald *verbale Stereotypen aktiviert sind* und das *stereotypgeleitete Handeln einsetzt,* hilft eine kognitive Ablenkung nicht mehr. Sie *verhindert nicht das stereotypgeleitete Verhalten.* Es heißt also: Wenn Stereotype schon mal aktiviert sind, schlagen sie sich auf jeden Fall im Verhalten und Handeln der Individuen nieder.

## 4.4.2 Positive Ausnahmen und neue Stereotype

Wie weit kann man Stereotype verhindern, wenn man *positive Beispiele* von den Menschen präsentiert, die dem Stereotyp nicht entsprechen, obwohl sie in die vorurteilsbehaftete Kategorie gehören? Ein Beispiel dafür ist die häufig verwendete

Strategie gegen die Vorurteile bezüglich mangelhafter Führungsfähigkeiten von Frauen. Da wird die „Ausnahmefrau" vorgestellt, die es trotz aller Hindernisse und entgegen allen Statistiken geschafft hat, in den Aufsichtsrat oder gar Vorstand eines DAX-Unternehmens aufzusteigen! Leider erweist sich diese Verfahrensweise in der Regel als ungeeignet. Die *positiven* Ausnahmen besitzen selten eine Überzeugungskraft, um die Stereotype, dass weibliche Kräfte nicht führen können, zu verändern. Sie verfestigen die Meinung, dass eine Ausnahme die Regeln bestätigt. Und mehr noch: Oft kommt es zur **Herausbildung neuer Stereotype**. Zum Beispiel wird kolportiert, dass weibliche Führungskräfte ‚unweiblich' sind. Sie werden als ‚Mannsweiber' betrachtet. „Frauen in Führungspositionen sind keine normalen Frauen" lautet das neue Stereotyp. Diese neuen stereotypen Ananahmen werden *Substereotype* bezeichnet (Machunsky 2008, S. 45). Sie entstehen im Prozess der **Subtypisierung**. Häufig werden die Ausnahmen zu einer neuen sozialen Kategorie zusammengefasst, die mit neuen (auch positiven) Stereotypen versehen ist.

### 4.4.3 Kontakthypothese

Der klassische Ansatz ist die Kontakthypothese, die schon vor nach den Zweiten Weltkrieg von Gordon Allport, einen berühmten Persönlichkeitsforscher angesichts des Rassenhasses in den USA formuliert wurde (Allport 1954).

Eigentlich spiegelt sich in der Hypothese die allgemein verbreitete Annahme, dass direkte, persönliche Kontakte zu den vorurteilsbehafteten Gruppen oder individuellen Personen reichen, um die Vorurteile zu verlieren, etwa, wenn man einzelne Mitglieder einer mit Stereotypen belegten sozialen Kategorie kennenlernt und sie aus einer völlig individuellen Perspektive sieht.

Allport und auch andere Forschende erkannten jedoch, dass pure Kontakte nicht ausreichen. Häufig führt die Nähe zu vorurteilsbehafteten Fremden sogar gerade zur Aktivierung und Bestätigung latent existierender Vorurteile. Das nähere Kennenlernen wirkt nur unter bestimmten Voraussetzungen. Allport formulierte vier Bedingungen (Allport 1954):

- Der Kontakt muss potenziell die Möglichkeit zur richtigen Bekanntschaft beinhalten;
- beide Seiten müssen einen vergleichbaren sozialen Status haben (z. B. ähnliche Bildung),
- beide Seiten müssen erkennbar ein gemeinsames Ziel verfolgen (z. B. sie sind an ruhigem Wohnen in ihrem Viertel interessiert und sie wollen Kriminalität vermeiden).
- Strukturelle Bedingungen und feste Normen unterstützen den Abbau von Vorurteilen (z. B. Gesetze, Begegnungsstätten usw.).

Ein anderes Modell wurde von Fiske und Neuberg (1990) entwickelt. Es kann am folgenden Beispiel erläutert werden:

> ► Beispiel

Wenn Menschen eine kopftuchtragende, halbverschleierte Frau treffen, denken sie vermutlich zunächst, dass es sich um eine von Männern und der islamischen Tradition unterdrückte Person handelt. Wenn sie jedoch die Gelegenheit bekommen, diese Frau näher kennenzulernen, stellen sie fest, dass sie gut gebildet, intelligent und gutaussehend ist und dass sie vielleicht nachvollziehbare, rationale Gründe für ihre Bekleidung vertritt. In diesem Fall sind Menschen mit zwei verschiedenen Informationsarten konfrontiert: mit der *stereotypen Information* und der *individualisierten Information*. ◄

Der erste (und zunächst überwiegende) Eindruck wird von den stereotypen Informationen beeinflusst, die auf **kategorialen Merkmalen** beruhen. **Kategorial** meint hier, dass sie sich aus der Kategorie „kopftuchtragende islamische Frauen" ergeben. Diese Stereotype werden bei den Beobachtenden unmittelbar und **automatisch aktiviert**. Beim genaueren Kennenlernen der individuellen Kopftuchträgerin kommen die **individualisierten Informationen** zum Tragen. Das wäre – nach Allport (1954) – die Chance auf eine richtige Bekanntschaft.

Bei einem noch tiefergehenden Kennenlernen, z. B. in einer direkten Interaktion, gewinnen die *individualisierten* Informationen die Oberhand. Dieses Modell von Fiske und Neuberg (1990) wird das **Kontinuum-Modell** genannt. Es verdeutlicht, dass bei der Informationsverarbeitung die *kategorialen stereotypen Informationen* Priorität haben. Die *individualisierten Informationen* kommen erst im Nachhinein **im Verlauf** der Informationsverarbeitung zum Tragen.

Ähnliche Erklärungsmodelle zeigen, dass beide Prozesse der Informationsverarbeitung zusammenwirken, aber dass sie – im Gegensatz zu Fiske und Neuberg (1990) – nicht nacheinander, sondern sogar nebeneinander ihre Wirkung entfalten. Die *Informationsverarbeitung* ist demnach ein **dualer Prozess**. Dabei werden zunächst völlig automatisch die üblichen kategorialen Stereotype aktiviert, zum Beispiel, dass Angehörige der Roma-Bevölkerung klauen. Bei der Verarbeitung dieser Information hat jedoch jeder Mensch eine Wahl: Er kann bei den stereotypen (kategorialen) Informationen bleiben oder personalisierte Informationen (etwa über individuelle Eigenschaften und Merkmale einer Roma-Kollegin) einbeziehen. Dieser Vorgang heißt der **duale Prozess der Eindrucksbildung** (Brewer und Harasty Feinstein 1999).

Dabei geht es nicht so sehr um die ursprüngliche automatische Aktivierung des Stereotyps, sondern um die besondere **Art der Informationsverarbeitung**. Werden nur die kategorialen Informationen verarbeitet, verläuft der Informationsverarbeitungsprozess von oben nach unten (*Top-down*). Dagegen verläuft die personalisierte Informationsverarbeitung von unten nach oben (*Bottom-up*). Brewer und Harasty Feinstein (1999) waren überzeugt, dass Menschen dazu neigen, diejenige Informationsverarbeitung auszuwählen, die ihnen einfacher und weniger aufwendig erscheint. Stehen vor allem die kategorialen Informationen zur Verfügung, so werden diese gewählt. Umgekehrt – wenn die Person Zugang zu den individualisierten Informationen hat, ist es für sie am leichtesten, auf diese zurückzugreifen.

**4**

▶ **Beispiele**

1. Frau Klein arbeitet mit zwei türkischen Kolleginnen im Büro. Sie machen die gleiche Arbeit und tauschen sich in den Pausen über Schulprobleme ihrer Kinder aus. Neulich wurde Frau Klein als Zielperson für eine Umfrage zur Diversity-Praxis am Arbeitsplatz gewonnen. Dort waren auch Fragen, ob man erlauben sollte, dass Lehrerinnen, Richterinnen und Arzthelferinnen Kopftücher tragen. Für Frau Klein ist die Antwort eindeutig. Sie hat keine Zweifel. Sie beurteilt die Situationen auf der Basis ihrer eigenen Erfahrungen, also Bottom-up. Das heißt, ihre individualisierten Informationen sind ausschlaggebend; die kategorialen Informationen spielen so gut wie keine Rolle.

2. Anders Frau Sager, die Schwester von Frau Klein. Sie ist absolut dagegen, dass Kopftuchträgerinnen „auf Kinder losgelassen werden". Sie befürchtet islamische Indoktrination und die Weitergabe falscher Werte (Unterwürfigkeit von Frauen etc.) an die Kinder. Sie richtet sich allein an der kategorialen Information über streng religiöse Bevölkerung in islamischen Ländern (Top-down-Prozess). Sie weiß, dass ihre Schwester berichtet, dass ihre kopftuchtragenden Kolleginnen die gleichen Sorgen wie sie selbst hat, aber sie kennt es nicht aus erster Hand, so dass die individualisierte Information für sie keine Rolle spielt. ◀

## 4.5 Kontrollierte Informationsverarbeitung

Aus diesen Darstellungen der Informationsverarbeitungsprozesse geht hervor, dass individuelle Meinungen und Vorurteile nicht ausschließlich automatisch aktiviert werden müssten. Die Informationsverarbeitung kann völlig willentlich und überlegt erfolgen. Die Aktivierung von Meinungen und ebenso Vorurteilen kann vollständig oder teilweise auf einer bewussten, kontrollierten Informationsverarbeitung beruhen. Aber unsere Reaktion auf die Mitmenschen ist meistens schnell und automatisch. Wir können es kaum vermeiden, dass wir unsere Handtasche angesichts einer Gruppe von Roma-Jugendlichen fest umklammern. Aber wir können diesen Impuls bewusst ‚verdrängen' (Gilovich et al. 2016, S. 428). Auch aufgeklärte Menschen assoziieren Moslems mit religiösem Fanatismus, weil diese Assoziation in unserem soziokulturellen Kontext so angelegt ist. Aufgeklärte Menschen werden allerdings ihr Denken, Wissen und insgesamt ihre **Kognition einschalten**, um diese Automatismen zu widerlegen oder zu unterdrücken. Die Rechtsextremistinnen und Rechtsextremisten oder aber Menschen, die ‚*denkbequem*' sind, werden jedoch ihre Stereotype beibehalten oder sogar verstärken. Offensichtlich unterscheiden sich Menschen in der Art und Weise, wie weit sie die *kognitiven Prozesse bei der Informationsverarbeitung* einsetzen (Devine 1989).

Diese Thematik wurde in zahlreichen Experimenten und Studien untersucht, viele davon hatten den latenten oder offensichtlichen Rassismus zum Gegenstand. Dabei zeigte es sich beispielsweise, dass Menschen eher in der Lage sind, ihr verbales Verhalten zu kontrollieren als ihr nonverbales Verhalten. Sie können ihre negativen Bemerkungen zügeln, aber ihr Gesichtsausdruck entgleitet ihnen (Fazio et al. 1995).

Die spätere Korrektur automatisch ausgelöster Vorurteile bedarf eines erheblichen Aufwandes. Vor allem sind eine hohe Motivation und Bereitschaft zur kognitiven Anstrengung unentbehrlich (Sassenberg 2009). Zudem erweist sich Wirkung der kognitiven Kontrolle als nicht nachhaltig. Wenn Studienteilnehmer aufgefordert wurden, beim Nachdenken über Skinheads ihre Vorurteile zu vermeiden, taten sie es nur für den Augenblick. Hörte die Aufforderung auf, äußerten sie noch mehr Vorurteile (Macrae et al. 1994). Empirische Studien deuten darauf hin, dass die automatischen und die kognitiv kontrollierten Prozesse anscheinend im Widerstreit stehen. Es ist aber möglich, die bewusste Kontrolle von Stereotypisierungs- und Vorurteilstendenzen zu erlernen. Forschende zeigen in mehreren Studien, dass dieses aber intensiver Bemühungen bedarf, nicht nur, um die bewusste Kontrolle einzuschalten, aber sie auch zu erhalten (Monteith und Mark 2005).

**❓ Fragen**

1. Es wird berichtet, dass die Gebrüder Grimm in Deutschen Wörterbuch das Vorurteil definiert haben. Das war vor gut 180 Jahren. Wie definierten sie den Begriff?
2. Was sind „soziale Kategorien" und welche Funktion haben sie für Individuen im sozialen Kontext?
3. Menschen, die kognitiv anspruchsvolle Aufgaben (z. B. Problemlösungen) zu bewältigen haben, äußern weniger Stereotype als Menschen, die in gleichen Situationen nicht so stark kognitiv herausgefordert werden. Ist diese Annahme, die Schmid Mast und Krings (2008) formuliert wurde, generell gültig?
4. Beim Familienessen vertritt Ihr entfernter Onkel die Meinung, dass die Vorurteile gegenüber Migrantinnen und Migranten allgegenwärtig sind, sodass man gegen sie gar nichts unternehmen kann. Als angehende Psychologin oder angehender Psychologe wollen Sie es richtigstellen und dem Onkel erklären, dass es doch einige Möglichkeiten der Beeinflussung des vorurteilsbehafteten Verhaltens gibt. *Bitte versuchen Sie es dem Onkel auseinanderzusetzen.*
5. Können stereotype Äußerungen positiv sein? Wenn ja, machen Sie ein Beispiel.
6. Der Schulleiter meint „Wir setzen in jede Klasse ein geflüchtetes Mädchen. Wenn die Schülerschaft in der Klasse ihnen begegnet, dann können gar keine Vorurteile entstehen." *Hat diese Meinung auch in der Sozialpsychologie ihre Entsprechung? Trifft sie zu?*

**✅ Antworten**

1. Gebrüder Grimm definierten das Vorurteil als eine „vorgefasste, rigide Meinung" (Petersen und Six 2008, S. 109).
2. Soziale Kategorien sind Gruppen, denen Menschen aufgrund bestimmter Merkmale zugeordnet werden, z. B. aufgrund demografischer oder physischer Merkmale, Eigenschaften oder Verhaltensweisen. Teilweise sind diese Zuordnungsmerkmale real existent. Teilweise werden sie den Kategoriemitgliedern zugeschrieben. Soziale Kategorien haben die Funktion der „Vereinfachung" des stets komplexen sozialen Kontexts.
3. Die kognitive Ablenkung scheint tatsächlich zu wirken, aber nur so lange, solange das stereotypgeleitete Handeln nicht schon eingesetzt hat. Wenn Stereo-

**4**

typen aktiviert sind, hilft die kognitive Ablenkung nicht mehr, weil sie das das stereotypgeleitete Verhalten nicht verhindern kann. Da ist es offenbar zu spät, die Handlungen, in denen sich Stereotype niederschlagen, wirksam zu unterbinden.

4. Am besten, Sie erklären Ihrem Onkel die Wirkung von individualisierten und kategorialen Informationen an Beispielen, die aus ihren eigenen Erlebnissen stammen. Vielleicht machten Sie Erfahrungen mit Mitstudierenden. Sie können sich jedoch auch an Beispielen der Frau Klein und Frau Sager orientieren.

5. Ja. Die positive Stereotypisierung kommt häufig vor. Im Text ist schon ein Beispiel (weibliche Führungskräfte) aufgeführt. Bemühen Sie Ihre Erinnerung an verschiedene soziale Situationen. Wir haben hier noch ein weiteres Beispiel: „Schwarzafrikanerinnen und Schwarzafrikaner sind generell hervorragende Läuferinnen und Läufer."

6. Diese Meinung des Schulleiters entspricht der Kontakthypothese, die von Gordon Allport schon nach dem zweiten Weltkrieg formuliert wurde (Allport 1954). Aber Allport zeigte, dass bloße Kontakte nicht ausreichen. Es müssen weitere Bedingungen erfüllt werden, damit existierende Vorurteile abgemildert werden können oder damit erst keine neuen Vorurteile entstehen. So müssen Möglichkeiten zu näheren Bekanntschaften vorhanden sein, die involvierten Seiten müssen einen vergleichbaren sozialen Status haben, sie müssen erkennbar ein gemeinsames Ziel verfolgen. Und auch strukturelle Voraussetzungen sollten geschaffen werden.

**?** **Reflexionsaufgabe**

Führen Sie den Impliziten Assoziationstest (IAT) durch, um Ihre Tendenz zur Stereotypisierung aufgrund von Hautfarbe probeweise zu messen: ▶ https://implicit.harvard.edu/implicit/germany/selectatest.jsp.

Im Demo-Programm werden verschiedene Alternativen angeboten, um Ihre impliziten Einstellungen zu überprüfen. Weil die Frage, ob es in Deutschland eine Diskriminierung gibt, die von der Hautfarbe abhängig ist, gerade intensiv diskutiert wird, schlagen wir Ihnen vor, das letzte BUTTON mit der Überschrift Hautfarbe zu wählen. Sie können ihre Fähigkeit überprüfen, hell- und dunkelhäutige Gesichter zu unterscheiden.

Führen Sie bitte den Test gemäß den Anweisungen durch.

a. Wie sind Sie durchgekommen?

b. Gehen Sie zur letzten Seite, zu den Normen. Vergleichen Sie Ihr eigenes Ergebnis mit diesen Normen. Wie ist Ihr Ergebnis ausgefallen? Gleichen Ihre Einstellungen der Mehrheit der Teilnehmenden? Oder unterscheiden sie sich, und in welcher Weise?

*In diesem Test zeigt sich das Maß bewussten Kontrolle der üblicherweise automatisch aktivierten stereotypisierenden Meinungen. Die Autorinnen und Autoren des Tests sagen, dass es um die Unterscheidung von "nicht wollen" und "nicht können" beim Unterdrücken unerwünschter Einstellungen geht (Greenwald et al. 1998). Der implizite Assoziationstest misst die impliziten Einstellungen, welche die Menschen nicht angeben wollen oder können.*

> **Zusammenfassung und Fazit**
> Wie kommen Menschen zu Urteilen über ihre Mitmenschen? Zum beispiel, über die soziale Kategorisierung, die ihnen hilft, die komplexe soziale Realität zu vereinfachen. Wir suchen gemeinsame Merkmale unserer Mitmenschen und nutzen sie dazu, diese Mitmenschen in Gruppen (Kategorien) zusammenzufassen. Wir nehmen an, dass alle Mitglieder einer Kategorie gleiche Verhaltensweisen und Eigenschaften aufweisen, was bei einigen Verhaltensweisen tatsächlich zutrifft. Andere Eigenschaften und Verhaltensweisen werden den Gruppenmitgliedern einfach zugeschrieben. So entstehen stereotype Muster in unserem Bewusstsein, die aktiviert werden, sobald wir mit den Mitgliedern der fraglichen Kategorie interagieren. Betont negative stereotype Muster führen zu Vorurteilen. Menschen, die vorurteilsbehaftet sind, rufen bei ihren Mitmenschen emotionale Ablehnung oder Aggressionen hervor. Stereotype werden meist automatisch, ohne bewusste Kontrolle aktiviert. In bestimmten Situationen sind die stereotypen Automatismen teilweise kontrollierbar, teilweise können sie im Nachhinein korrigiert werden, was jedoch einen großen Aufwand erfordert.

## Literatur

Allport, G. W. (1954): *The Nature of Prejudice*. Reading, MA: Addison-Wesley.

Bargh, J.A. Chen, M. & Burrows, L. (1996): Automaticity of Social behavior: Direct Effects of Trait Construct and Stereotype Activation on Action. Journal of Personality and Social Psychology, 71, 230–244.

Berkowitz, L. (1993): *Aggression: Its Causes, Consequences, and Control*. New York: McGraw Hill.

Brewer, M. B. & Harasty Feinstein, A. S. (1999): Dual Processes in the Cognitive Representation of Person and Social Categories. In Chaiken, S. & Trope, Y. (Hrsg.), *Dual-process theories in social psychology* (S. 255–270), New York: Guilford Press.

Carver, C. S., Ganellen, R. J., Froming, W. J. & Chambers, W. (1983): Modelling: An Analysis in Terms of Category Accessibility. *Journal of Experimental Social Psychology*, 19 (5), 403–421.

Chartrand, T. L. & Bargh, J. A. (1999): The Chameleon Effect: The Perception – Behavioral Link and Social Interaction. *Journal of Personality and Social Psychology*, 76 (6), 893–910.

Chartrand, T. L. & Dalton, A. N. (2009): Mimicry: Its ubiquity, importance, and functionality. In Morsella, E., Bargh, J. A. & Gollwitzer, P. M. (Hrsg.), *Oxford handbook of human action* (S. 458–483), New York, NY: Oxford University Press.

Correll, J., Park, B., Judd, C. M. & Wittenbrink, B. (2002): The police officer's dilemma: Using ethnicity to disambiguate potentially threatening individuals. *Journal of Personality and Social Psychology*, 83 (6), 1314–1329.

Devine, P. G. (1989): Stereotypes and Prejudice. Their automatic and controlled components. *Journal of Personality and Social Psychology*, 56 (1), 5–18.

Dijksterhuis, A., Spears, R., Postmes, T., Stapel, D., Koomen, W., van Knippeberg, A. & Scheepers, D. (1998): Seeing one thing and doing another: Contrast effects in automatic behavior. *Journal of Personality and Social Psychology*, 75, 862–871.

Dijksterhuis, A., & Van Knippenberg, A. (1998): The relation between perception and behavior, or how to win a game of Trivial Pursuit. *Journal of Personality and Social Psychology*, 74, 865–877.

Fazio, R.H.; Jackson, J.R.; Dunton, B.C. & Williams, C.J. (1995): Variability in automatic activation as an unobstrusive measure of racial Attitudes. *Journal of Personality and Social Psychology*, 69, 1013–1027.

Fiske, S. T. & Neuberg, S. L. (1990): A continuum of impression formation, from catagory-based to individuating processes. Influences on information and motivation on attention and interpretation. In M. Zanna (Hrsg.), *Advances in Experimental Social Psychology* (S. 1–74), San Diego: Academic Press.

**4**

Freytag, P. & Fiedler, K. (2007): Soziale Kognition und Urteilsbildung. In U. Six, U. Gleich, R. Gimmler, (Hrsg.): *Kommunikationspsychologie und Medienpsychologie* (S. 70 – 89). Weinheim: Beltz PVU.

Gilovich, T.; Keltner, D.; Chen, S. & Nisbett, R.E. (2016): *Social Psychology*. New York, London: W. W. Norton & Company, Fourth Edition.

Greenwald, A. G., McGhee, D. E., & Schwartz, J. L.K. (1998): Measuring individual differences in implicit cognition: The implicit association test. Journal of Personality and Social Psychology. Vol 74, 1464–1480.

James, W. (1890): *Principles of Psychology*. New York: Holt.

Jones, J. M. (1997): *Prejudice and Racism* (2. Auflage). New York: Mc Graw-Hill.

Katz, D. & Braly, K. (1933): Racial stereotypes of one hundred college students. *Journal of Abnormal and Social Psychology*, 28 (3), 280–290.

Klauer, K. C. (2008): Soziale Kategorisierung und Stereotypisierung. In Petersen, L.-E. & Six, B. (Hrsg.), *Stereotype, Vorurteile und soziale Diskriminierung* (S. 23–32), Weinheim: Beltz PVU.

Krieb, C. & Reidl, A. (2001): *Seniorenmarketing. So erreichen Sie die Zielgruppe der Zukunft* (2. Auflage). Landsberg: Moderne Industrie.

Machunsky, M. (2008): Substereotypisierung. In Petersen, L.-E. & Six, B. (Hrsg.), *Stereotype, Vorurteile und soziale Diskriminierung* (S. 45–52), Weinheim: Beltz PVU.

Macrae, C.N.; Bodenhausen, G.V.; Milne, A.B. & Jetten, J. (1994): Out of mind but back in sight: Stereotypes on the rebound. Journal of Personality and Social Psychology, 67, 808–817

Monteith, M. J. & Mark, A.Y. *(2005):* Changing one's prejudiced ways: Awareness, affect, and self-regulation. *European Review* of *Social Psychology,* 16, 113–154.

Pendry, L. (2014): Soziale Kognition, in Jonas, K.; Strebe, W. & Hewstone, M. (Hrsg.): Sozialpsychologie. Berlin, Heidelberg: Springer: 6. Auflage. S. 107–140

Petersen, L.-E. & Six, B. (Hrsg.) (2008): *Stereotype, Vorurteile und soziale Diskriminierung*, Weinheim: Belz PVU.

Sassenberg, K. (2009): Psychologische Determinanten – Motivation und Selbstregulation. In: Beelmann und Jonas (Hrsg.): Diskriminierung und Toleranz. Psychologische Grundlagen und Anwendungsperspektiven. Wiesbaden: VS Verlag, S. 61–74.

Schmid Mast, M. & Krings, F. (2008): Stereotype und Informationsverarbeitung. Petersen, L.-E. & Six, B. (Hrsg.), *Stereotype, Vorurteile und soziale Diskriminierung* (S. 33–44), Weinheim: Beltz PVU.

Stangl, W. (2020b): Stichwort: '*Vorurteil*'. Online Lexikon für Psychologie und Pädagogik. https://lexikon.stangl.eu/4678/vorurteil/ (2020-06-07)

Stangl, W. (2020a): Stichwort: '*Stereotyp*'. Online Lexikon für Psychologie und Pädagogik. WWW: https://lexikon.stangl.eu/630/stereotyp/ (2020-09-07)

Tajfel, H. (1981): Menschliche Gruppen und Sozialkategorien. Cambridge: University Press. (Stangl, 2020).

Tomasello, M., Savage-Rumbaugh, E. S. & Kruger, A. C. (1993): Imitative Learning of Actions on Objects by Children. *Child Development*, 64, 1688–1705.

Zimbardo, P.G. & Gerrig, R.J. (1996): Psychologie. Bearbeitet und herausgegeben von S. Hoppe-Graff und I. Engel, 7. Neu übersetzte und bearbeitete Auflage, Berlin, Heidelberg, New York: Springer (Springer Lehrbuch).

# Warum werden bestimmten Menschen negative Merkmale zugeschrieben?

Der Stigmatisierungsansatz in der Sozialpsychologie

## Inhaltsverzeichnis

Die Ausführungen in diesem Kapitel basieren teilweise auf dem Studienbrief von Garms-Homolová, V. (2017): Wer bin ich, für wen hält man mich und was halte ich von den anderen? Was sind sozialpsychologische Phänomene? Informationsverarbeitung im sozialen Kontext. Studienbrief der Hochschule Fresenius online plus GmbH. Idstein: Hochschule Fresenius online plus GmbH.

© Springer-Verlag GmbH Deutschland, ein Teil von Springer Nature 2021
V. Garms-Homolová, *Sozialpsychologie der Informationsverarbeitung über das Selbst und die Mitmenschen*, Psychologie für Studium und Beruf,
https://doi.org/10.1007/978-3-662-62922-2_5

Bestimmten Individuen oder sozialen Gruppen wird ein stigmatisierendes Etikett – Stigma – aufgedruckt. „Das ist ein Knacki" heißt es, wenn eine Person schon mal inhaftiert war. Dieser Person werden bestimmte Eigenschaften und Verhaltensweisen zugeschrieben (unzuverlässig, nicht vertrauenswürdig, anfällig für Drogenkonsum, Neigung zur Gewalt usw.). Menschen scheinen sich nicht für die aktuelle Identität einer Person zu interessieren, sondern für die sogenannte virtuelle Identität: Eigenschaften und Verhaltensweisen, die das Resultat einer Zuschreibung sind. Der Begriff Stigma und der Prozess der Stigmatisierung, die dazu führen, dass die Identität dieses Menschen nachhaltig beschädigt wird, werden in diesem Kapitel erläutert. Erörtert werden auch verschiedene Strategien der Stigma-Abwehr.

**Nach eingehender Lektüre dieses Kapitels können Sie …**
- den Begriff Stigma beschreiben,
- Merkmale mit einem hohen Stigmatisierungspotenzial nennen,
- das Identitätskonzept von Goffman darlegen,
- erläutern, was sich unter der Bezeichnung „beschädigte Identität" verbirgt und wie negative gesellschaftliche Bewertungen internalisiert werden,
- die Annahmen über die Funktion des Stigmas darlegen,
- ausgewählte Möglichkeiten der Stigmatisierungsabwehr aufzeigen.

## 5.1 Das Stigma und seine Konsequenzen

▶ Beispiel

Im Internet und den Zeitungen spielt das Thema **Pflegebedürftigkeit** eine große Rolle. In der allgemeinen Öffentlichkeit aber auch bei Ämtern und Krankenkassen, Anbietern von Pflegediensten, sogar Familien mit einem zu pflegenden Familienmitglied hat „der Pflegebedürftige" vorwiegend negative Wertigkeit: Eine Last für die Angehörigen, völliger Verlust an Fähigkeiten, teuer für die Gemeinschaft, verwirrt, Pflegefall und Pflegeheim. Im Zusammenhang mit der sogenannten Corona-Krise wurde öffentlich diskutiert, ob es sich lohnt, die Menschen, die an Pflege und Hilfe angewiesen sind, medizinisch zu behandeln, wenn sie an Covid19 erkranken.
- „Dort wohnt jetzt **niemand** mehr, außer der Pflegebedürftigen".
- „Um Datenschutz braucht man sich in dem Fall nicht kümmern, das sind **doch nur Pflegebedürftige**".
- „Die Todesfälle bei der Corona-Pandemie, das sind doch bloß pflegebedürftige Leute. Sie würden sowieso bald sterben. Wir retten da solche, die **ohnehin Pflegefälle** sind."

Jeder Satz beinhaltet eine wertmindernde Behauptung. Über den Menschen hinter dem Stigma wird hier kaum gesprochen.

Personen, die sich selbst nicht mehr versorgen können und auf Hilfe und Pflege von berufsmäßigen Helferinnen und Helfern angewiesen sind, können seit 1995 Leistungen der Sozialen Pflegeversicherung (*SGB XI*) beanspruchen. In diesem Gesetz wird der Begriff **Pflegebedürftigkeit** definiert (*§ 14, Absatz 1, SGB XI*): *„Pflegebedürftig im Sinne* *dieses Buches sind Personen, die wegen einer körperlichen, geistigen oder seelischen Krankheit oder Behinderung für die gewöhnlichen und regelmäßig wiederkehrenden Verrichtungen im Ablauf des täglichen Lebens auf Dauer, voraussichtlich für mindestens sechs Monate, in erheblichem oder höherem Maße (§ 15) der Hilfe bedürfen."* (Bundesministerium für Justiz und Verbraucherschutz, Hrsg. 1994)

Der Begriff „pflegebedürftig" ist demnach ein Leistungsbegriff: Er stammt aus dem *Leistungsrecht.* Aber aus einem Wort, dass für eine Hilfeleistung stehen sollte, wurde ein Stigma, eine Art „Aufkleber" (ein Etikett oder ein Label), mit dem ausgedrückt wird, dass eine **Person oder eine Gruppe ein diskriminierendes Merkmal** aufweisen (Goffman 1967, S. 11). Das Sigma färbt auf alle ab, die mit diesen Menschen arbeiten und sie versorgen. Es ist eine der Ursachen für das geringe Ansehen des Altenpflegeberufes. ◄

**5**

Unter der Bezeichnung **diskriminierendes Merkmal** versteht man eine negative Eigenschaft oder eine an sich neutrale Eigenschaft, die jedoch im gegebenen sozialen Kontext als negativ und wertmindernd empfunden wird.

Der Begriff **Stigma** wurde von Erving Goffman eingeführt (Goffman 1967). Die Bedeutung des Stigmas zeigt sich erst in sozialen Beziehungen. Im Prozess der sozialen Interaktion wird das stigmatisierende Merkmal einer Person oder einer Personengruppe zugeschrieben, und zwar ungeachtet dessen, ob das Merkmal objektiv zutrifft (vorhanden ist) oder nicht. Ein Stigma bewirkt, dass ein Individuum von einer „vollständigen sozialen Akzeptierung ausgeschlossen ist" (Goffman 1967, S. 7).

In unserem Beispiel wird gezeigt, dass der Pflegebedürftige als ein Individuum gesehen wird, dem eine völlige Unfähigkeit zugeschrieben wird, obwohl bei ihm viele Fähigkeiten erhalten sind. Wir konnten zeigen, dass Menschen mit leichter und mittlerer kognitiver Beeinträchtigung noch anspruchsvolle instrumentelle Aktivitäten (IADL) bewältigen (Garms-Homolová et al. 2016). Das Stigma bedeutet, dass das betroffene Individuum gar nicht oder nur teilweise akzeptiert wird. Wie jedes Stigma nimmt auch die Pflegebedürftigkeit den so Stigmatisierten ihre Individualität, ihre Ressourcen und Potenziale weg. Ihre Rechte und Wünsche sowie auch die an sie gerichteten Erwartungen werden nur noch durch die Brille des Stigmas betrachtet. Durch den **Prozess der Stigmatisierung** wird die **Identität der Trägerin/des Trägers des Stigmas nachhaltig beschädigt.**

Zum Entstehen von Stigmata können Merkmale beitragen, die irgendeine **negative Wertigkeit** haben: Armut, frühere Straftat, unangenehmes Aussehen usw. Im Fall der Menschen mit Pflege- und Hilfebedarf ist es ihre Abhängigkeit von Hilfen und beeinträchtigte Fähigkeit, mit den Anforderungen des Alltags zurechtzukommen.

Nicht in jeder Gesellschaft und Kultur wird den gleichen Merkmalen eine stigmatisierende Qualität zuerkannt. In vielen afrikanischen Ländern wird erwartet, dass Frauen korpulent oder sogar fettleibig sind. In unserem kulturellen Kontext führt Fettleibigkeit eindeutig zur Stigmatisierung. Das stigmatisierende Potenzial verschiedener Merkmale ist *kulturspezifisch.* Es hat sich im Verlauf der *Geschichte* deutlich verändert. Auch im Mitteleuropa wurden dicke Frauen in früheren Jahrhunderten nicht stigmatisiert. Erst Ende des 20.Jahrhunder ist Fettleibigkeit ein Merkmal mit einer hohen stigmatisierenden Qualität. Andererseits, wie die Ansätze der Evolutionspsychologie zeigen (Kurzban und Leary 2001), herrscht eine merkwürdige Einigkeit auch über kulturelle Grenzen hinweg. Bestimmte Funktionsmerkmale, Krankheiten oder Hautunreinheiten sind Merkmale, die fast *in jeder Gesellschaft und Kultur* eine stigmatisierende Bedeutung haben und zur „Ausgrenzung" führen. Es kann sich um sichtbare und unsichtbare Merkmale handeln.

Erving Goffman (1967), der die Theorie der sozialen Stigmatisierung als erster formuliert hat, zeigte, dass folgende Merkmale eine *stigmatisierende Qualität aufweisen:*

- **körperliche Behinderung** (die Hilfs-/Pflegebedürftigkeit, die oben beschrieben haben, würde in diese Kategorie gehören),
- individuelle **Charakterfehler** (z. B. Neigung zu Straftaten),
- **phylogenetische Merkmale** (Zugehörigkeit zu einer ethnischen Gruppe oder Religionsgemeinschaft).

Aber die Merkmale, die zu Goffmans Zeiten potenziell stigmatisierend waren, haben sich im Hinblick auf ihre Effekte verändert (vgl. Beispiel in nächsten Abschnitt,) Schon Heinrich Tröster, der sich auf Goffman (1967) berief, betrachtete leicht unterschiedliche Merkmalsgruppen als besonders relevant für die Stigmatisierung (Tröster 2008, S. 141):

- Unzuverlässigkeit (bei Personen), etwa, wenn sie psychisch krank sind und ein unberechenbares Verhalten an den Tag legen oder geltende Normen erheblich verletzten (Kriminelle);
- Ansteckende Erkrankungen;
- Merkmale ethnischer Minoritäten.

Je sichtbarer ein potenziell stigmatisierendes Merkmal ist, desto wahrscheinlicher ist es, dass die Merkmalsträgerin oder der Merkmalsträger stigmatisiert werden. Vor allem haben sichtbare, stigmatisierende Merkmale einen stärkeren Einfluss auf die Interaktion mit anderen Menschen. Wenn eine nicht stigmatisierte Person vom Stigma einer anderen Person nichts weiß, kann die Interaktion zwischen beiden ‚normal' sein.

Jones et al. (1984) identifizierten sechs kritische Dimensionen des Stigmas: Versteckbarkeit (also Möglichkeit ein Merkmal zu verdecken), Verlauf, Zersetzung (auch bezogen auf soziale Beziehungen), ästhetische Qualität, Originalität und Gefährlichkeit (Risiko).

Nicht nur, dass die Visibilität von Merkmalen, die stigmatisierende Qualität haben, ist entscheidend. Die Stigmatisierten werden oft gezwungen, bestimmte Kennzeichen zu tragen, um ihr Stigma offenzulegen. Juden mussten in der Nazizeit den gelben Judenstern tragen. Die Unberührbaren in Indien müssen strikte Kleidervorschriften einhalten. Damit verbunden ist die Absicht, die stigmatisierten Gruppen zu kontrollieren. Mit Stigma sind also eine *Fremdkontrolle* und der *Verlust* von *Selbstbestimmung* verbunden (von Kardorff 2010). Gerade bei Menschen mit Pflegebedarf und bei psychisch Kranken müssen wir diesen fremd initiierten Verlust an Kontrolle beklagen: sie werden ‚entmündig', auch wenn das formal nicht der Fall ist (Garms-Homolová et al. 2009).

Zudem werden den betroffenen Personen weitere negative Eigenschaften zuge-schrieben: Ein Stigma wird *verallgemeinert,* generalisiert. Die ganze Person ist ir-gendwie schlecht oder verdächtigt. Betritt eine Roma-Frau einen Drogeriemarkt, wird sie meistens beäugt: Warum hält sie sich bei bestimmten Produkten so lange auf? Warum trägt sie eine so große Tasche? Warum telefoniert sie? Egal was sie tut: Es scheint nicht in Ordnung zu sein.

Häufig werden die Betroffenen mit besonderen **entwertenden Namen gekenn-zeichnet**: Spasti (für eine körperlich behinderte Person), Kanake (für eine Person mit Migrationshintergrund) usw.

Die Situation von Stigmaträgerinnen oder Stigmaträgern zeichnet sich dadurch aus, dass *mehrere Merkmale zusammentreffen,* die üblicherweise eine Stigmatisie-rung begünstigen: Eine Roma-Familie, die das Stigma aufgrund ihrer ethnischen Herkunft trägt, wohnt auch noch in einer „No-Go-Straße", die Kinder gehen in eine verrufene Schule und die Mutter arbeitet als Klo-Frau am Bahnhof.

Ähnlich ist es bei den Menschen, die als Pflegefälle stigmatisiert sind. Manche sind Sozialhilfeempfänger und sind gemeinschaftlich in einer Institution unterge-bracht, in der sich beeinträchtigte und kranke Personen (z. B. Menschen mit einer psychiatrischen Erkrankung) häufen. Alle diese Merkmale haben das Potenzial, zur Stigmatisierung zu führen.

## 5.2 Individuelle Identität und die Gefahr ihrer Beschädigung

Ursachen der stigmatisierenden Zuschreibungen sind vielfältig. Wie jede Form der Kategorisierung und Attribuierung (vgl. ▶ Kap. 2) dienen Stigmata offenbar einer gewissen **Vereinfachung** im sozialen Kontext. Menschen orientieren sich nach Wer-tigkeiten ihrer Mitmenschen, um sich in komplexen Situationen auszukennen.

Deshalb kommen Stigmatisierungsprozesse *überall und häufig* vor. Sie lassen sich nur schwer vermeiden. Für die betroffenen Individuen haben sie verheerende Konsequenzen: soziale Ausgrenzung und Isolation auf der gesellschaftlichen Ebene, Unsicherheit und Angst auf der individuellen Ebene.

---

**▶ Beispiel – Stigmatisierung und soziale Ausgrenzung dicker Kinder**

Die Prävalenz von Adipositas steigt seit Jahren. Es scheint, dass dicke Kinder ein schwe-res Leben in sozialen Gruppen haben. Latner und Stunkard (2003) untersuchten, ob dieses Ansteigen der Prävalenz sowohl die Beliebtheit als auch oder umgekehrt die Un-beliebtheit und Stigmatisation von Kindern beeinflusst. US-Schülerinnen und Schüler der fünften und sechsten Klasse sollten Zeichnungen von Kindern danach bewerten, welche Kinder sie am meisten mögen, welche sie an zweiter Stelle mögen usw. und wel-che sie nicht mögen. Die Bilder zeigten fünf verschiedene Kinder. Darunter war ein ge-sundes Kind, aber auch Kinder mit verschiedenen physischen Beeinträchtigungen, z. B. ein Kind mit Krücken und ein Rollstuhlfahrer, und schließlich ein adipöses Kind. Das abgebildete gesunde Kind erhielt die beste Bewertung: Es wurde am meisten gemocht. Das adipöse Kind wurde gar nicht gemocht: seine Bewertung war signifikant schlechter als die Bewertung von Kindern mit Beeinträchtigungen. Mädchen mochten das dicke

Kind noch weniger als die Jungen, wobei Jungen zur Stigmatisierung aufgrund körperlicher Behinderung neigten (nicht so fit), während für Mädchen das Erscheinungsbild (fettes Kind) eine große Rolle spielte.

Das gleiche Ergebnis wurde schon in anderen Untersuchungen sogar bei Kindern im Kindergarten festgestellt und ebenso auch bei erwachsenen Menschen. Erwachsene zeigten eine große Aversion gegenüber dicken Kindern, ungeachtet ihrer eigenen ethnischen Zugehörigkeit und Hautfarbe (z. B. Madoxx et al. 1968).

Latner und Stunkard (2003) verglichen die Resultate ihrer Studie mit einer früheren Untersuchung, die mit exakt der gleichen Methode vor 40 Jahren durchgeführt wurde (Richardson et al. 1961). Die Einstufung aller gezeichneten Kinder hat sich in den Jahren signifikant verändert. Aber am meisten hat sich die Beurteilung des gesunden und des adipösen Kindes (Latner und Stunkard 2003, S. 454) verändert. Das gesunde Kind wurde weit stärker präferiert, das adipöse Kind jedoch weit stärker abgelehnt als im Jahre 1961. Die Autorin und der Autor sehen hier die Wirkung des gesellschaftlichen Lernprozesses. Im Verlauf der Jahre haben Menschen gelernt, Personen mit Behinderungen – z. B. Rollstuhlfahrende – besser zu akzeptieren. Gleichzeitig entstand die soziale Norm der Fitness und Schlankheit. Deshalb wurde das gesunde Kind mehr präferiert, dass dicke stärker abgelehnt als vor 40 Jahren. Daran ändert auch die Tatsache nichts, dass die Prävalenz von Adipositas enorm angestiegen ist, so dass ein dickes Kind heute zur Alltagserscheinung gehört (speziell in USA). Trotz der Alltäglichkeit scheint die *negative Wertigkeit* der Adipositas in unseren Kulturkreisen zugenommen zu haben. ◄

Die **Beschädigung der persönlichen Identität** hat eine nachhaltige Auswirkung. Goffmans Buch über Stigma trägt nicht umsonst den Untertitel „Über Techniken der Bewältigung beschädigter Identität" (Goffman 1967).

Für die Erklärung entwickelte Goffman ein Identitätskonzept, dessen Kern eine dreifache Identitätstypologie ist. Goffman unterscheidet die soziale und personale Identität und die Ich-Identität (Goffman 1967, S. 132). Mithilfe dieses Konzepts wird der gesamte **Prozess** von **Übernahme des Stigmas**, seiner **Verinnerlichung** bis hin zur **Abwehr** der Identitätsgefährdung beschrieben.

1. **Soziale Identität** reflektiert, was Außenstehende von der Person erwarten, und zwar aufgrund ihrer Zugehörigkeit zu einer bestimmten Kategorie, z. B. Besserverdienende, Flüchtlinge, Körperbehinderte (vgl. ■ Abb. 5.1). Soziale Identität hat zwei Seiten, eine virtuelle und eine *aktuelle*, d. h. tatsächliche Identität (■ Abb. 5.1). Die *virtuelle Seite* der sozialen Identität umfasst Eigenschaften und Verhaltensweisen, die beim Individuum vorausgesetzt (ihm zugeschrieben) werden, weil es einer bestimmten sozialen Gruppe angehört (Schwule sollten Promiskuität ausüben etc.). Die *aktuelle soziale Identität* umfasst Eigenschaften und Merkmale, welche die Person tatsächlich auszeichnen.
2. **Personale Identität**, das ist die spezifische Fähigkeit des Menschen, eine Informationskontrolle auszuüben und mit dem Stigma umzugehen. Es ist das eigenartige *Informationsmanagement* des Individuums.
3. **Ich-Identität:** das subjektive Empfinden der eigenen Situation, Kontinuität und Eigenart, die das Individuum aufgrund seiner sozialen Erfahrungen in Interaktionen erworben hat.

**5**

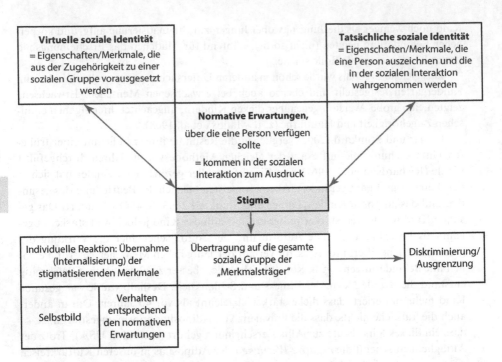

■ **Abb. 5.1**   Identität und Übernahme des Stigmas (Quelle: eigene Darstellung in Anlehnung an Goffman 2003)

Ein Stigma entsteht aus dem Widerspruch zwischen der virtuellen sozialen Identität und der aktuellen sozialen Identität. Beim Stigmatisierten rufen externe Erwartungen solche Einstellungen und Verhaltensweisen hervor, die mit den Erwartungen und dem vorherrschenden Wertesystem der Mehrheitsgesellschaft im Einklang sind. Wenn vom Individuum erwartet wird, dass es minderwertig ist, beginnt es sich als nicht vollwertig zu betrachten und nimmt die negativen Bewertungen in das eigene Selbstkonzept auf. Das Individuum **internalisiert** diese negativen Bewertungen. Es „verinnerlicht" das Stigma und verhält sich konform zu der ihm zugewiesenen Rolle. Das Resultat ist eine – aus gesellschaftlicher Sicht – beschädigte Identität (Goffman 1967). Goffman hinterfragt jedoch nicht die sozialen Verhältnisse, die diese Beschädigung verursachen. Er nimmt sie als gegeben hin. Ihn interessiert jedoch, wie die stigmatisierten Individuen ihre soziale Situation bewältigen.

Noch einmal muss unterstrichen werden, dass das Stigma eine weitreichende Bedeutung hat. Es engt den Verhaltensspielraum nicht nur für einzelne stigmatisierte Personen ein, sondern für die gesamte stigmatisierte Personengruppe beziehungsweise soziale Kategorie, die potenziell die stigmatisierenden Merkmale aufweist. Unter Bezugnahme auf das Beispiel Menschen mit anerkanntem Pflegebedarf kann konstatiert werden, dass eine allgemeine Tendenz besteht, ihnen alle Kompetenzen abzusprechen, auch in den Bereichen, in denen sie (noch) keine Kompetenzen verloren haben. Gerade in Einrichtungen der Langzeitpflege werden die Bewohnerinnen und Bewohner in die Rolle der Pflegebedürftigen regelrecht „hineinsozialisiert." Weder Einzelne noch das Kollektiv der Bewohnerinnen und Bewohner kommen auf die Idee, auf ihre Rechte zu pochen, ihre Wünsche zu äußern und nach Veränderungen zu verlangen (Garms-Homolová und Theiss 2013). Sie versuchen nicht, aus ihrer Rolle pflegebedürftiger Heimbewohnerinnen/Heimbewohner auszubrechen.

## 5.3 Stigma als Weg zur Exklusion vom sozialen Leben

Seit Goffmans wegweisender Arbeit wurden weitere Modelle der Stigmatisierungsprozesse entwickelt:
1. In einem Modell wurde auf das Merkmal fokussiert, dass zur Stigmatisierung führt. Wenn dieses Merkmal verursacht, dass das potenziell betroffene Individuum vom Prototyp der Normalität (vom Durchschnittsmenschen) abweicht, ist die Disposition für die Stigmatisierung angelegt. Es ist diese Abweichung, welche die negative Zuschreibung (Attribuierung) initiiert (Jones et al. 1984). Dem Individuum wird seine Einzigartigkeit (Individualität) zum Verhängnis.
2. Eine andere Perspektive besagt, dass ein Stigma eine Form der Abweichung ist, die das Individuum von der sozialen Interaktion ausschließt. Die betroffene Person wird klassifiziert als *illegitim* für die Teilnahme an Interaktionen (Elliot et al. 1982). Die Person verliert ‚den Schutz sozialer Normen'. Bildlich gesprochen, steht sie unter einem Bann.
3. Das dritte Konzept sieht die Ursache für eine Stigmatisierung in der Zugehörigkeit zu einer sozialen Gruppe oder Kategorie, die in einer *spezifischen Situation* negativ bewertet wird (Crocker et al. 1998). In diesem Zusammenhang stellt sich die Frage, wie aus einer negativen Bewertung beziehungsweise gar einem Vorurteil ein Stigma wird?

Das hängt mit der Anpassungsfähigkeit von Gruppen, die sich im Verlauf der Evolution entwickelt hat und die für die Lösung sozialer Konflikte im Verlauf menschlicher Geschichte benötigt wurde (Kurzban und Leary 2001, S. 188). Auf diese Weise entwickelte sich ein systematischer Ausschlussmechanismus (exclusionary mechanism), den wir heute als Stigmatisierung interpretieren.

Es gibt viele Anhaltspunkte, die darauf hinweisen, dass es diesen systematischen Ausschlussmechanismus gibt. Ein Hinweis ist, dass es große kulturelle Übereinstimmung darin gibt, welche soziale Gruppe oder soziale und individuelle Merkmale der Zurückweisung unterliegen. Mit anderen Worten: Menschen sind sich weitgehend einig, welches Merkmal sie wann stigmatisieren. Die Stigmatisierung basiert nicht auf irgendeiner individuellen Abneigung. Es ist eine *kollektive Angelegenheit*. Der Ausschlussmechanismus adressiert vor allem Merkmale, wie Behinderungen, kranke Haut, Geruch etc. oder Gruppen von Kranken, speziell psychisch Kranken und intellektuell Beeinträchtigten sowie auch von gefährlichen Personen. Allerdings gibt es Ausnahmen, die in dieses Modell nicht passen, z. B. dicke Menschen (Kurzban und Leary, 2001).

Verschiedene Studien, die von Crocker et al. (1998) zusammengestellt wurden, zeigen, welche psychologische Funktion die Stigmatisierung hat:

1. Diejenigen, die andere Menschen stigmatisieren, sind bestrebt, ihr Selbstwertgefühl zu heben.
2. Diejenigen, die andere Menschen stigmatisieren, sind bestrebt, ihre Identität und ihr eigenes Ansehen zu verbessern.
3. Stigmatisierung festigt bestimmte soziale oder ökonomische Struktur und ein politisches Regime.

## 5.4  Abwehr der Stigmatisierung und sozialen Benachteiligung

**5**

Die Bemühungen um eine erfolgreiche Bewältigung des Stigmas hängen von verschiedenen Faktoren ab, unter anderem auch von der Visibilität des stigmatisierenden Merkmals. Wenn das Stigma sichtbar und bekannt ist, tritt das betroffene Individuum bereits als eine diskreditierte Person in die Interaktion mit „normalen Leuten" ein. „Diese Person bewältigt die Interaktionsprobleme mit nicht stigmatisierten Mitmenschen", in dem sie sich bemüht so zu tun, als ob das Stigma nicht existieren würde oder ob es irrelevant wäre (Goffman 1967, S. 56). Diese Strategie des Stigmamanagements wird **Distanzierung** genannt, da sich die betroffene Person von den stigmatisierenden Lebensbereichen fernhält (Major und Smader 1998). Stigmatisierte Menschen zeigen, dass sie zwar das Stigma tragen, dass jedoch die stigmatisierenden Merkmale auf sie nicht zutreffen. So zum Beispiel bemühen sich Eltern von Kindern mit Behinderungen darum, ihre Kinder in normale Schulen aufnehmen zu lassen. Die Eltern glauben, dass ihre Kinder mindestens dem (Teil) Stigma entgehen, mit dem die Förder- oder Sonderschulen belegt sind.

Stigmatisierte Einzelpersonen und/oder Gruppen entwickeln weitere Ausweich- und Bewältigungsstrategien, um die Wirkung des Stigmas abzumildern. Sie **meiden** beispielsweise die sie stigmatisierenden Kontakte oder Situationen. Die **Meidung** ist eine wichtige Abwehrstrategie der bereits Diskreditierten (Tröster 2008).

Goffman interessierte sich dafür, was diskreditierte Individuen tun, um ihrer Stigmatisierung zu entkommen. Zum Beispiel, wenn Menschen mit Behinderungen unter einem erheblichen Aufwand eine Sportart trainieren, um sie exzellent (vielleicht besser als die Nichtbehinderten) auszuüben und somit den an sie gerichteten sozialen Erwartungen zu entgehen. Sie wollen so den Unterschied zu „Normalen" minimieren (Goffman 1967). Im alltäglichen Umgang spricht man von einer Überkompensation.

Wenn jedoch das Stigma nicht bekannt und unsichtbar ist, kann die Person, die diskreditierbar ist, die Informationen über ihr Stigma steuern (Goffman 1967, S. 56). Sie muss beispielsweise am Arbeitsplatz nicht erzählen, dass sie in der Notunterkunft für Wohnungslose Personen untergebracht ist. Aus Furcht vor einer sozialen Abwertung behalten stigmatisierte Personen oft die Informationen über das stigmatisierende Merkmal für sich. Sie „täuschen" ihre Interaktionspartnerinnen und Interaktionspartner gewissermaßen über ihre **aktuelle Identität**. Heinrich Tröster nennt diese Strategie das „Management durch **Verheimlichung**" (Tröster 2008, S. 144).

Solche Täuschungsbemühungen werden von Goffman als die *häufigste Strategie* der diskreditierbaren Personen beschrieben (Goffman 1967, S. 94). Eine Täuschungsstrategie lässt sich jedoch nicht auf Dauer aufrechterhalten. In bestimmten Situationen müssen sie das stigmatisierende Merkmal offenbaren. Eine Hartz-IV-Empfängerin, die sich bemüht, dass die Mitschülerinnen und Mitschüler ihres Kindes über diese Situation nichts erfahren, muss sie doch spätestens dann gegenüber der Schule aufdecken, wenn eine besondere Unternehmung ansteht (Klassenfahrt), für die sie einen finanziellen Zuschuss benötigt. Sie wird kaum verhindern können, dass sich die Information darüber verbreitet und dass ihrem Kind ebenfalls eine Stigmatisierung droht.

Die Hilfen, die unser soziales System bereithält, sind immer mit einer *Kontrolle* verbunden. Soziale Instanzen sind bemüht, geltende soziale Normen (und Bestimmungen) unbedingt durchzusetzen. Verpflichtend sind Einkommens- und Anspruchsnachweise, persönliche Vorsprachen mit Termineinhaltung und insgesamt „eine Mitwirkung" der Anspruchsberechtigten, Kranken, Behinderten usw. Die Mechanismen der sozialen Kontrolle setzen in der Regel die Dynamik der *beschämenden Andersartigkeit* in Gang und verstärken damit zusätzlich die Ausgrenzungstendenz. Betroffene sind gezwungen, die ihnen noch offenstehenden Handlungsfelder (z. B. Verzicht auf Unterstützung) aufzugeben. Manche von ihnen entziehen sich der institutionellen Kontrolle, indem sie lieber auf Hilfen verzichten, was jedoch durchaus nicht einfach ist.

> Die soziale Kontrolle scheint ein wichtiger Bestandteil der Stigmatisierung zu sein (von Kardorff 2010).

Ernst von Kardorff (2010) zeigt, wie die Stigmatisierung zur vielfältigen gesellschaftlichen Diskriminierung führt. Bei den Menschen mit Pflegebedarf hat die Diskriminierung und Ausgrenzung fatale Auswirkungen bei der Beanspruchung von Rechten und Leistungen, die Menschen mit Pflegebedarf zustehen, zum Beispiel das Recht auf Rehabilitation und den Zugang zu diesen Rehabilitationsleistungen. Da nützt es wenig, dass Menschen mit Pflegebedarf rein formal das gleiche Anrecht auf diese Leistungen haben. Es muss jemand da sein, der sie unterstützt, um diesen Anspruch anmelden und realisieren zu können (Garms-Homolová et al. 2009). An dieser Unterstützung mangelt es jedoch in unserem System.

**? Fragen**

1. Von wen stammt ursprünglich der Begriff „Stigma"?
2. Wie verläuft der Prozess der Stigmatisierung?
3. Verschiedene Wissenschaftlerinnen und Wissenschaftler, darunter Henrich Tröster (2008), präsentierten Merkmale mit potenziell stigmatisierender Qualität. Welche Merkmale sind es?
4. Können sich betroffene Individuen gegen die Stigmatisierung wehren?
5. Beschreiben Sie, welche psychologische Funktionen die Stigmatisierung hat (nach Crocker et al. 1998)

**5**

✅ **Antworten**

1. Dieser Begriff wurde von Erving Goffman entwickelt.
2. Einem Individuum oder einer sozialen Gruppe werden Merkmale zugeschrieben, die negative Wertigkeit haben. Sie führen dazu, dass das betroffene Individuum von den Mitmenschen nicht voll akzeptiert wird.
3. Tröster (2008) nannte:
   - Unzuverlässigkeit (bei Personen), etwa, wenn sie psychisch krank sind und ein unberechenbares Verhalten an den Tag legen oder geltende Normen erheblich verletzten (Kriminelle);
   - Ansteckende Erkrankungen;
   - Merkmale ethnischer Minoritäten.
4. Menschen entwickeln verschiedene Abwehrstrategien, z. B. Verheimlichung, Meidung, Distanzierung.
5. Bestrebung, das eigene Selbstwertgefühl zu heben und /oder die eigene Identität zu verbessern und die gegenwärtige soziale oder ökonomische Struktur sowie die politischen Verhältnisse aufrechtzuerhalten.

## Zusammenfassung und Fazit

Manche Menschen werden aufgrund bestimmter individueller Merkmale und/oder Gruppenmerkmale „abgewertet" und mit einem Stigma versehen. E. Goffman (1967), der die Theorie der sozialen Stigmatisierung formulierte, zeigte auf, wie die persönliche Identität und das Selbstkonzept eines stigmatisierten Individuums durch das Stigma beschädigt werden können. Wir diskutierten in diesem Kapitel Möglichkeiten der Stigmatisierungsabwehr, vor allem Distanzierung, Vermeidung und Verheimlichung. Ein wesentlicher Bestandteil der Stigmatisierungsprozesse ist die soziale Kontrolle, insbesondere auch durch Institutionen und Helferinnen/Helfer.

## Literatur

Bundesministerium für Justiz und Verbraucherschutz (Hrsg.). (1994): *Sozialgesetzbuch (SGB) – Elftes Buch (XI) – Soziale Pflegeversicherung* (Artikel 1 des Gesetzes vom 26. Mai 1994, BGBl. I S. 1014). Verfügbar unter https://www.gesetze-im-internet.de/sgb_11/__113.html (11.11.2016).

Crocker, J.; Major, B. & Steele, C. (1998): Social Stigma. In: Gilbert, D.T.; Fiske, S.T. & Lindzey, G (Eds.): The Handbook of Social Psychology, Boston, McGraw-Hill, Vol. 2, 4th edition, S. 504–553.

Elliot, G.C.; Ziegler, H.L.; Altman, B. M. & Scott, D.R. (1982): Understanding Stigma: Dimensions of Deviance and Coping. *Deviant Behavior*, 2, 275–300.

Garms-Homolová, V., Kardorff, E. von Theiss, K., Meschnig, A. & Fuchs H. (2009): *Teilhabe und Selbstbestimmung von Menschen mit Pflegebedarf. Konzepte und Methoden.* Frankfurt a. M.: Mabuse-Verlag.

Garms-Homolová, V.; Notthoff, N.; Declercq, A.; van der Roest, H.G.; Onder, G.; Jónsson, P.; van Hout, H. (2016): Social and functional health of home care clients with different levels of cognitive impairments, *Aging & Mental Health,* DOI: https://doi.org/10.1080/13607863.2016.1247426

Garms-Homolová, V. & Theiss, K. (2013): Schlafstörungen als Risiko für Gesundheit und Wohlbefinden. In: Garms-Homolová & Flick, U. (Hrsg.): *Schlafstörungen im Alter. Risikofaktoren und Anforderungen an Behandlung und Pflege.* Göttingen: Hogrefe, 85–104.

Goffman, E. (1967): Stigma. Über Techniken der Bewältigung beschädigter Identität. Frankfurt a.M.: Suhrkamp (Originalausgabe: Stigma. Notes on the Management of Spoiled Identity. Englewood Cliffs: Prentice Hall 1963).

Goffman, E. (2003): Wir alle spielen Theater. Die Selbstdarstellung im Alltag. München: Piper (Originalausgabe: The presentation of self in everyday life. New York: Doubleday 1956)

Jones, E.E.; Farina, A. & Hastorf, A.; Markus, H.R.; Miller, D.T. & Scott, R.A. (1984): *Social Stigma. The Psychology of Marked relationships*. New York: Freeman.

Kardorff, E. von(2010): Stigmatisierung, Diskriminierung und Exklusion psychisch kranker Menschen. Soziologische Anmerkungen zu einer ärgerlichen gesellschaftlichen Tatsache und einem fortlaufenden Skandal. *Kerbe*, 4 (2010), 4–7. Verfügbar unter: http://www.kerbe.info/files/Kerbe_ausgaben/2010-10-22_Kerbe4_10-Artikel-Kardorff.pdf (11.11.2016)

Kuzban, R. & Leary, M.R. (2001): Evolutionary Origins of Stigmatization: The Functions of Social Exclusion. *Psychological Bulletin*, 127, 2, 187–208.

Latner, J.D. & Stunkard, A.J. (2003): Getting Worse: The Stigmatization of Obese Children. *Obesity research*, 11, 3,452–456

Maddox, G. L., *Back*, K. W., & *Liederman*, V. (1968). Overweight as social deviance and disability. Journal of Health and Social Behavior, 9(4), 287–298. https://doi.org/10.2307/2948537

Major, B. & Smader, T. (1998): Coping with stigma through psychological Disengagement. In Swim, K. & Stangor, C. (Hrsg.), *Prejudice: The target's perspective* (S. 219–241), San Diego: Academic Press.

Richardson, S. A., Goodman, N., Hastorf, A. H., & Dornbusch, S. M. (1961): Cultural uniformity in reaction to physical disabilities. *American Sociological Review, 26*, 241–247. https://doi.org/10.2307/2089861

Tröster, H. (2008): Stigma. In: Petersen, L.-E. & Six, B. (Hrsg.), *Stereotype, Vorurteile und soziale Diskriminierung* (S. 140–148), Weinheim: Beltz PVU.

# Serviceteil

© Springer-Verlag GmbH Deutschland, ein Teil von
Springer Nature 2021
V. Garms-Homolová, *Sozialpsychologie der
Informationsverarbeitung über das Selbst und die
Mitmenschen*, Psychologie für Studium und Beruf,
https://doi.org/10.1007/978-3-662-62922-2

# Stichwortverzeichnis

# FLEXIBEL, DIGITAL, ZUKUNFTSORIENTIERT

Seit 1848 bietet die Hochschule Fresenius ihren Studierenden ein umfangreiches Angebot an praxisnahen Studiengängen und modernen Fachbereichen. Die Hochschule zeichnet sich nicht nur durch zeitgemäße Präsenzlehre aus, sondern auch als Mixed Mode University mit unterschiedlichen Formaten, die sich den zeitlichen Ansprüchen der Studierenden anpassen und dabei ortsunabhängig absolviert werden. Beruf und Studium werden auf diese Weise flexibel verbunden und durch staatlich anerkannte Abschlüsse abgerundet. Der digitale Campus ist das Herzstück des Studiums. Hier wird die Lehre unter anderem durch (Live-) Webinare, Videos und Infografiken vermittelt. Dabei kommt der Austausch mit Kommilitonen und Dozierenden selbstverständlich nicht zu kurz. Unterstützung gibt es zusätzlich durch moderne studymags, die die Inhalte anreichern und nahbar machen. Die studymags dienen als Grundlage für diese Lehrbuchreihe.

**HS-FRESENIUS.DE/FERNSTUDIUM**

Printed in the United States
by Baker & Taylor Publisher Services

Printed in the United States
by Baker & Taylor Publisher Services